中等职业教育改革创新示范教材
中等职业学校汽车运用与维修专业新课程教学用书

Qiche Fadongji Gouzao yu Chaizhuang Gongzuoye

汽车发动机构造与拆装工作页

(第3版)

武 华 武剑飞 主编

内 容 提 要

本书旨在培养汽车运用与维修专业学生胜任汽车售后服务企业汽车发动机拆装作业的能力。本书由10个学习任务组成，即发动机总体结构认识，起动机的更换，发电机的更换，分电器和火花塞的更换，凸轮轴、气门和气门油封的更换，水泵和节温器的更换，机油泵的更换，曲柄连杆机构的更换，喷油器的更换和发动机总装调试。

本书既可作为职业院校汽车运用与维修专业学生的教学用书，也可作为职业技能培训和其他从事相关专业人员的参考书。

图书在版编目(CIP)数据

汽车发动机构造与拆装工作页/武华，武剑飞主编. —3版. —北京：人民交通出版社股份有限公司，2019.11

ISBN 978-7-114-15872-8

Ⅰ.①汽… Ⅱ.①武…②武… Ⅲ.①汽车—发动机—构造—高等职业教育—教材②汽车—发动机—装配(机械)—高等职业教育—教材 Ⅳ.①U464

中国版本图书馆CIP数据核字(2019)第227058号

书　　名：	汽车发动机构造与拆装工作页(第3版)
著 作 者：	武　华　武剑飞
责任编辑：	李　良
责任校对：	张　贺　宋佳时
责任印制：	张　凯
出版发行：	人民交通出版社股份有限公司
地　　址：	(100011)北京市朝阳区安定门外外馆斜街3号
网　　址：	http://www.ccpress.com.cn
销售电话：	(010)59757973
总 经 销：	人民交通出版社股份有限公司发行部
经　　销：	各地新华书店
印　　刷：	北京市密东印刷有限公司
开　　本：	880×1230　1/16
印　　张：	10.5
字　　数：	239千
版　　次：	2007年9月　第1版 2013年8月　第2版 2019年11月　第3版
印　　次：	2019年11月　第3版　第1次印刷　总计第16次印刷
书　　号：	ISBN 978-7-114-15872-8
定　　价：	30.00元

(有印刷、装订质量问题的图书由本公司负责调换)

中等职业学校汽车运用与维修专业
新课程教学用书

主　　　编　刘建平　辜东莲
顾　　　问　赵志群

编　委　会

主 任 委 员　周炳权　胡学兰
副主任委员　刘建平　张燕文　辜东莲
编　　　委　(按姓氏笔画排序)

叶伟胜	冯明杰	刘付金文	刘桂松
刘　毅	朱伟文	齐忠志	何　才
何媛嫦	张东燕	张　发	张琳琳
李　琦	邱志华	邱志成	陆宝芝
陈万春	陈高路	陈楚文	麦锦文
巫兴宏	庞柳军	林文工	林志伟
林夏武	林根南	林清炎	林鸿刚
武　华	武剑飞	段　群	胡炳智
赵中山	唐奎仲	唐蓉芳	徐正国
萧启杭	曾晖泽	赖　航	蔡北勤
鞠海鸥	魏发国		

序

看过人民交通出版社发给我的由刘建平和辜东莲两位老师主编的《中等职业学校汽车运用与维修专业新课程教学用书》系列教材样稿后，不禁感慨万千。汽车维修专业课程改革在我国已经开展多年了，如何打破传统的"基础课、专业基础课、专业课"的三段式模式，以及改变以"教师、教室、教材"为核心的三中心特征，一直以来备受关注。虽然有许多学校都在尝试着改革，也取得了许多可喜的成果，但真正意义上的突破还是不多。这套教材的出现真正让我有了一种"久旱逢甘雨"的感觉。记得2004年6月应广州市交通运输职业学校之邀，我参加了该校模块化教学改革研讨会，参观学校模块化教学实训中心，并与老师们一起讨论模块化教材编写，那次接触让我看到了这所学校在汽车维修专业改革中"敢为人先"的闯劲。现在看到教材样稿果然不同凡响，再次让我感受到广州市交通运输职业学校在汽车维修专业改革上的不断创新精神。

汽车维修中职教育首先有着明确的培养目标，那就是培养当代汽车维修技术工人。怎样把学生培养成合格的人才是汽车维修中职教育的关键所在，而在教学过程中理论与实践结合应该采取何种形式又是问题的要点所在。汽车维修教学中理论与实践结合往往容易出现重视形式上的结合，忽视实质上结合的问题，例如：将汽车构造教材与汽车维修教材简单地合编成"理实"结合在一起的教材，还有将教室直接搬到实训中心内的形式上的"理实"结合等。真正的"理实"结合应该是根据培养对象和培养目标来确定的有着实际内涵的"理实"结合。这套教材以汽车维修实际工作任务为核心，将专业能力与关键能力培养、学习过程与工作过程融为一体以此展开相关联部分的系统结构、系统原理、维修工艺、检验工艺、工具量具使用、技术资料查阅以及安全生产等内容的"理实"一体化教学。这种方式首先以动手解决具体问题为目标，这样可以极大地调动学生的学习兴趣，学生在学习技能的同时，将必要的理论知识结合在实践过程中一起学习，让学生不仅掌握怎么做的要领，还教给学生为什么这样做的道理。在这种模式中，学生是为了更好地理解所要完成的学习任务才去学习相关理论知识的，这就调动了学生学习理论知识的主动性。学生在学习并完成了实用的汽车维修工作任务后，激发出来的职业成就感，必然会使学生重建因学会工作的内容而久违了的自信心，这正是我们职业教育最应该达到的教学效果。

我为这套教材所呈现的课程模式感到由衷的高兴，并对付出辛勤劳动撰写这套教材的每一位老师表示由衷的感谢。我真诚地希望这套教材能够为我国汽车维修专业改革送上一股不断创新的强劲东风，为创造出更加适合我国国情的汽车维修专业课程模式投石问路，为汽车维修职业教育的发展锦上添花。

朱 军

第3版前言

依据设计导向的职业教育思想,以培养学生综合职业能力为目标,以工作过程系统化为教学原则,广州市交通运输职业学校组织专家与老师编写了"中等职业学校汽车运用与维修专业新课程教学用书"。该套教学用书采用工作页的编写模式,以工作过程系统化课程构建、理论实践一体化教学实施和丰田、通用等校企合作项目开展为教学实践基础,是一套符合职业成长规律的工学结合课程教学用书。

本套教学用书自2007年9月首次出版以来,获得社会各界的一致好评,并于2013年修订再版。2012年,本套教材申报教育部"中等职业教育改革创新示范教材",有多本教材入选,2014年以本套教材为核心成果的"基于能力培养的中职汽车运用与维修专业工学结合课程研究与实践"获评国家级教学成果一等奖。这也证明了本套教材不论在教学理论、教学内容,还是教学组织形式上,都具有较强的改革创新特性,值得向全国广大的职业院校进行推广。

该套教学用书重点强调对学生自主学习能力培养,旨在使学生在完成典型工作任务的过程中,学会学习,学会工作。在处理学生与教师的关系、学习目标、课程内容、学习过程和学业评价等方面,该套教学用书具有如下特点:

1. 学生有学习的空间

首先,学习之初所明确的具体学习目标和学习内容可使学生随时监控自己的学习效果,自我评价和他人评价的结合为实现个性化的学习创造了条件;其次,体系化的引导问题强化了学生的主体地位,给学生留下充分思考、实践与合作交流的时间和空间,使学生亲身经历观察、操作、交流和反思等活动;再次,工作页中并不全部直接给出学习内容,而是需要学生通过开放性的引导问题和拓展性学习内容去主动获取,旨在培养学生的自主学习能力,从而使学生能够进一步理解技术知识并提高解决问题的能力;最后,尽量营造接近现实的工作环境,从栏目设置、文字表达、插图到学习内容的安排,都鼓励学生去主动获得学习和工作的体验。

2. 教师角色的多元化

本套教材在明确学习目标的情况下,通过引导问题来提供与完成学习任务联系十分紧密的知识,为教学组织与实施留下许多的创造空间。需要教师转换角色,从一名技术知识的传授者,转化为提高学生综合职业能力的促进者、学习任务的策划者、学习行动的组织动员者、学习资源的提供者、制定计划与实施计划的咨询者、学习过程的监督者以及学习绩效的评估和改善者,即教师的多元化角色。因此,建议在教学实施中,由教师团队共同负责组织教学。

3. 学习目标的工作化

学习目标就是工作目标,既能体现职业教育的能力要求,又能具有鲜明的工作特征。这里的能力不仅仅强调"操作性"与"可测量性",是具有专业内容的综合职业能力,包括专业能力和关键能力,既有显性的、可测量和可观察的工作标准要求,也含有隐性的、不可测量的能力和经验成分。与此同时,学习目标不但具有适度开放的空间,既不拘泥于当前学校或企业的状况,还能充分体现出职业生涯成长的综合要求。

4. 课程内容的综合化

课程内容的综合化体现在:一方面,每个学习任务的内容都具有综合性的特征,既有技能操作,也有知识学习,是工作要求、工作对象、工具、方法和劳动组织方式的有机整体,反映了工作与技术、社会和生活等的密切联系;另一方面,反映典型工作任务的学习任务也具有综合性的特征,要求每个学习任务的内容虽相互独立但又具有内在的联系。

5. 学习过程的行动化

行动化的学习过程首先体现在行动的过程性,让学生亲身经历实践学习和解决问题的全过程,在实践行动中学习,而非以往那种完成理论学习后再进行实践的学习过程;其次是行动的整体性,无论学习任务的大小和复杂程度如何,每个学习任务都要学生完成从明确任务、制定计划、实施计划、检查控制到评价反馈这一完整的工作过程;再次,有尝试新行动的实践空间,尽量创造条件让学生探索解决其未遇到过的实际问题,包括独立获取信息、处理信息,整体化思维和系统化思考。

6. 评价反馈的过程化

过程化首先体现在评价反馈是完整学习过程的一部分,是对工作过程和结果的整体性评价,是学习的延伸和拓展;其次在计划与实施环节中,工作的"质量控制与评价"贯穿于整个过程。过程化的学习评价可帮助学生获得初步的总结、反思及自我反馈的能力,为提高其综合职业能力提供必要的基础。

随着汽车技术的升级换代,综合参考全国各地职业院校和出版社反馈的使用意见,编写组在第2版基础上进一步修订,"中等职业学校汽车运用与维修专业新课程教学用书(第3版)"得以与社会各界见面。与第2版相比,本版教材作了如下改进:

(1)车型技术进行了更新升级。本套教材仍然以丰田卡罗拉车型为主要技术载体,从第2版的2010款卡罗拉车型升级为第3版的2014款卡罗拉车型,紧跟市场变化。

(2)通过学习拓展等方式增加新技术。删减了第2版中已逐渐淘汰的汽车技术,通过学习拓展等方式新增了ESP、车载局域网、汽油机缸内直喷、空调电动压缩机、电池能源管理系统等技术。

(3)对第2版中的错漏部分进行了修订。

(4)重要知识点旁配置了二维码,扫码可观看该知识点的动画或视频,可使教学更加立体化。

本套教材由广州市中等职业教育地方教材建设委员会组织编写,广州市教育局教学研究室和广州市交通运输职业学校共同主持实施,并得到了人民交通出版社股份有限公司的指导,丛书主编为广州市交通运输职业学校刘建平和广州市教育局教学研究室辜东莲,特邀北京师范大学技术与职业教育研究所所长赵志群为课程设计顾问。

本书由武华、武剑飞主编,刘毅、胡炳智参编。其中武剑飞编写学习任务1、学习任务2、学习任务3、学习任务4,刘毅编写学习任务5、学习任务6、学习任务7,胡炳智编写学习任务8、学习任务9、学习任务10,全书由武剑飞统稿。广州龙的丰田汽车销售服务有限公司廖远东、广州迎宾丰田汽车销售服务有限公司黄达、广州丰田特约维修有限公司林灿雄、广州中升雷克萨斯汽车销售服务有限公司何展其、广州南菱别克汽车销售服务有限公司赖巧准、广州瑞华粤通汽车销售服务有限公司吴宝锋等企业专家对本书的编写给予了技术支持。

由于教材编写组的编写工作是在不断的实践和理论学习过程中进行,正处于不断的学习与更新过程中,难免有不妥之处,还请使用本书的广大师生不吝批评指正。

编　者
2019年8月

致同学

亲爱的同学,你好!

欢迎你就读汽车运用与维修专业!

在我国,汽车产品、技术日新月异,汽车快速普及,汽车行业迅速发展,汽车维修技术人员已成为技能型紧缺人才,作为未来的汽车维修技术能手,你将如何迎接这一挑战? 在此,希望我们的新课程工作页能够为你的职业成长提供帮助,为你职业生涯打下坚实的基础。

与你过去使用的教材相比,你手里的工作页是一套全新的教学材料,它能帮助你了解未来的工作,学习如何完成汽车维修中重要的典型工作任务,按照职业成长规律,促进你的综合职业能力发展,使你快速成为令人羡慕的汽车维修技术能手!

为了让你的学习更有效,希望你能够做到以下几点:

一、主动学习

要知道,你是学习的主体。工作能力主要是靠你自己亲自实践获得的,而不仅仅是依靠教师在课堂上讲授。教师只能为你的学习提供帮助。比如说,教师可以给你解释汽车发生的故障,向你讲授汽车维修的技术,教你使用汽车维修的工具,为你提供维修手册,对你进行学习方法的指导。但在学习中,这些都是外因,你的主动学习才是内因,外因只能通过内因起作用。职业成长需要主动学习,需要你自己积极的参与实践。只有在行动中主动和全面的学习,才能很好地获得职业能力,因此,你自己才是实现有效学习的关键所在。

二、用好工作页

首先,你要了解学习任务的每一个学习目标,利用这些目标指导自己的学习并评价自己的学习效果;其次,你要明确学习内容的结构,在引导问题的帮助下,尽量独立地去学习并完成包括填写工作页内容等的整个学习任务;再次,你可以在教师和同学的帮助下,通过查阅维修手册等资料,学习重要的工作过程知识;最后,你应当积极参与小组讨论,去尝试解决复杂和综合性的问题,进行工作质量的自检和小组互检,并注意规范操作和安全要求,在多种技术实践活动中你要形成自己的技术思维方式。

三、把握好学习过程、学习内容和学习资源

学习过程是由学习准备、计划与实施和评价反馈所组成的完整过程。你要养成理论与实践紧密结合的习惯,教师引导、同学交流、学习中的观察、动手操作和评价反思都是专业技术学习的重要环节。

本课程的学习内容以丰田威驰5A—FE和8A—FE发动机为主线,学习拓展时,可以渗透其他车系的内容。拆装规范主要参考《丰田5A—FE、8A—FE发动机修理手册》,你要学会使用这本手册以及依据手册进行规范操作。

学习资源可参阅人民交通出版社股份有限公司的《汽车发动机构造与维修(第三版)》(汤定国主编),还要经常阅览汽车维修网页,学习最新的技术和实际维修的技术通报,拓展你的学习范围。

你在职业院校的核心任务是在学习中学会工作,这要通过在工作中学会学习来实现,学会工作是我们对你的期待。同时,也希望把你的学习感受反馈给我们,以便我们能更好地为你服务。

预祝你学习取得成功,早日实现汽车维修技术能手之梦!

编　者
2019 年 8 月

目 录

学习任务 1　发动机总体结构认识 …………………………………………………………… 1

学习任务 2　起动机的更换 …………………………………………………………………… 15

学习任务 3　发电机的更换 …………………………………………………………………… 25

学习任务 4　分电器和火花塞的更换 ………………………………………………………… 35

学习任务 5　凸轮轴、气门和气门油封的更换 ……………………………………………… 50

学习任务 6　水泵和节温器的更换 …………………………………………………………… 75

学习任务 7　机油泵的更换 …………………………………………………………………… 97

学习任务 8　曲柄连杆机构的更换 …………………………………………………………… 119

学习任务 9　喷油器的更换 …………………………………………………………………… 136

学习任务 10　发动机总装调试 ……………………………………………………………… 147

参考文献 ………………………………………………………………………………………… 156

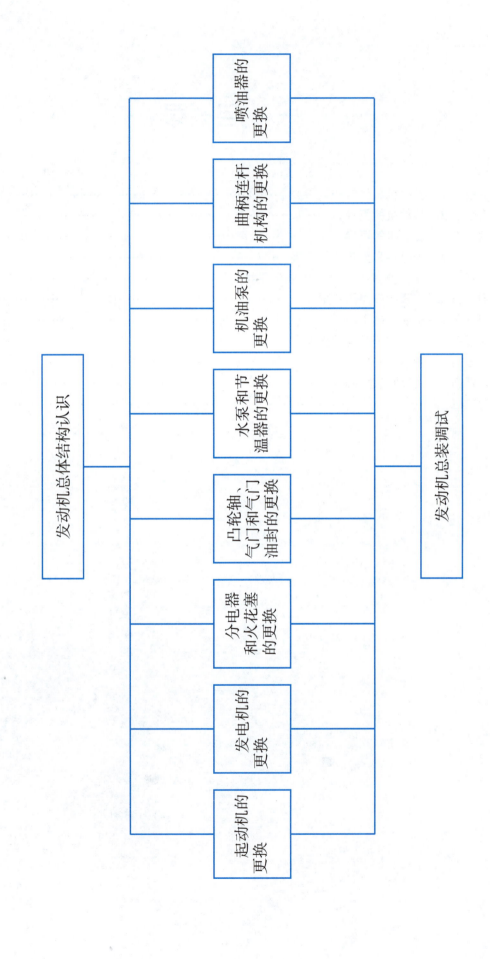

汽车发动机构造与拆装学习任务结构图

学习任务1　发动机总体结构认识

学习目标

完成本学习任务后,你应当能:
1. 叙述发动机各系统的基本组成、作用和工作原理;
2. 叙述发动机在汽车上的几种安装位置及与传动系统的关系;
3. 识别汽车发动机各系统外部的主要零部件;
4. 懂得工作安全要领;
5. 懂得工作现场的管理常识;
6. 对自己的学习和工作效果作出自我评价。

建议完成本学习任务为 6 学时
学时分配:学习准备 2 学时;计划与实施 2.5 学时;学习拓展 0.5 学时;评价反馈 1 学时。

内容结构

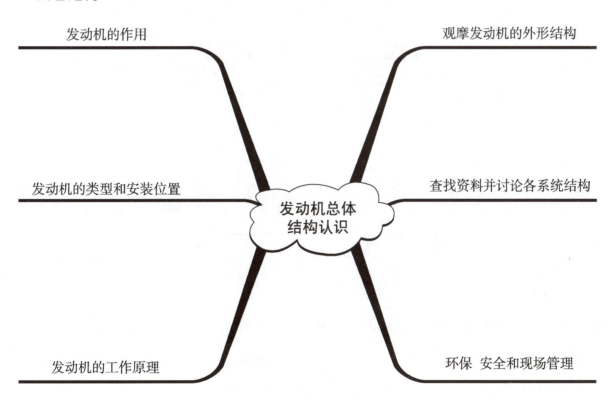

 学习任务描述

打开发动机舱盖,观察发动机舱内主要零部件的外形结构,了解发动机的主要类型和区别,注意发动机拆装过程中的工作安全和现场管理规定。

发动机是汽车的动力源,在汽车维修工作中,了解汽车发动机结构是所有汽车发动机维修工作的基础。从事汽车维修工作的人员,必须遵循工作安全和工作现场的管理规定。希望你逐步了解发动机拆装相关要求,并在今后的工作中养成良好的习惯。

一、学习准备

1. 发动机在汽车上的安装位置有哪些?

发动机在车上主要有5种布置及传动形式,常见的轿车以前置后轮驱动(FR)、前置前轮驱动(FF)和后置后轮驱动(RR)的较多,如图1-1、图1-2所示,另外两种为_____和_____。

备选答案:A.四轮驱动　B.发动机中置前轮驱动　C.发动机中置后轮驱动　D.发动机后置前轮驱动

图1-1　发动机的安装位置

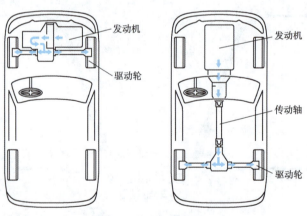

图1-2　传动的两种形式

学习思考

你能通过查阅资料找出下列车型对应的发动机安装位置及传动形式吗?

(1)丰田卡罗拉轿车_____;　　(2)奔驰E级轿车_____;

(3)保时捷911_____;　　(4)宝马X5_____;

(5)帕加尼Zonda_____。

备选答案:A.发动机前置前轮驱动　　B.发动机前置后轮驱动　　C.发动机中置后轮驱动

D.发动机后置后轮驱动　　E.四轮驱动

2. 发动机的作用是什么?

发动机的作用是将某一种形式的能量转换为机械能,其原理是将液体或气体的化学能通过_____后转化为热能,再把热能通过膨胀转化为_____并对外输出动力,使汽车行驶。发动机舱如图1-3所示。

备选答案:A. 燃烧　　B. 蒸发　　C. 分解　　D. 电能　　E. 机械能　　F. 化学能

图1-3　发动机舱

3. 发动机的种类有很多,你能说出几种不同类型的发动机?

(1)如图1-4所示,按照所使用燃料或动力源的不同可以分为_____发动机、_____发动机和其他燃料发动机。其中_____发动机和_____发动机最为常见。

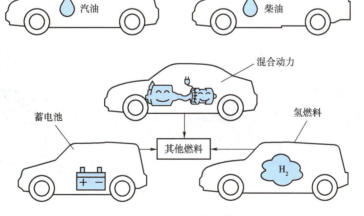

图1-4　发动机类型(按使用燃料分)

(2)按照汽缸排列方式的不同,可以分为_____发动机、_____发动机、_____发动机和W形发动机四类,如图1-5、图1-6所示。

备选答案:A. 直列式　　B. V形　　C. 水平对置式

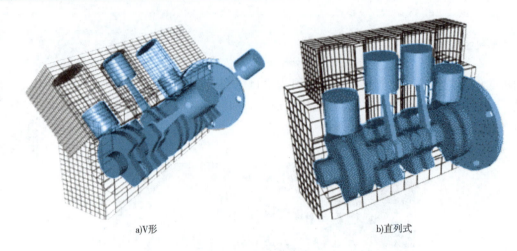

a)V形　　　　　　　　　　　　b)直列式

图1-5　发动机的排列方式(1)

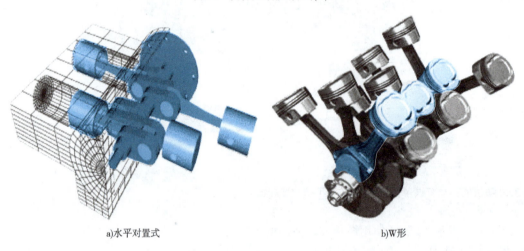

a)水平对置式　　　　　　　　　　　　b)W形

图1-6　发动机的排列方式(2)

(3)如图1-7所示,按照发动机冷却方式的不同,可以分为_____和_____发动机。现代轿车的发动机普遍采用的是_____的冷却方式。

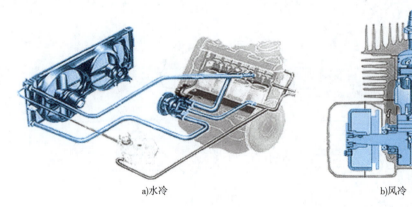

a)水冷　　　　　　　　　　　　b)风冷

图1-7　发动机的冷却方式

(4)如图1-8所示,按照汽缸数的不同,可以分为单缸发动机和多缸发动机,最常见的是_____缸发动机和_____缸发动机。

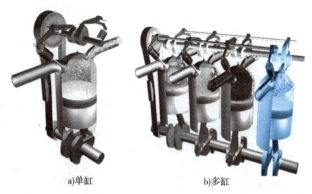

a)单缸　　　　b)多缸

图1-8　单缸和多缸发动机

(5)如图1-9所示,按照进气系统是否采用增压方式,可以分为自然吸气发动机和_____发动机。

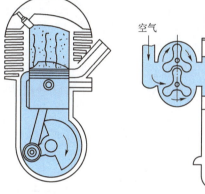

图1-9　发动机的进气

 学习思考

采用涡轮增压的汽车有什么优点?

 小词典

(1)空燃比:指混合气中空气的质量和混合气中燃料的质量的比值。理论上,空气与汽油两种材料完全燃烧时的比例应该为14.7:1。

(2)发动机的性能指标:用来衡量发动机性能好坏的指标。发动机的主要性能指标有:动力性能指标、经济性能指标和排放性能指标。

 4. "5S"是什么?

1)整理

整理的过程是确定生产现场的某种资源(主要包括工具、零件或信息)是否需要。按照必要性,把需要的资源进行组织和利用,不需要的资源应立即丢弃,如图1-10所示。

整理的意义在于使工作现场无无用之物,以便有效利用空间,提高工作效率。

2）整顿

整顿的方法是将很少使用的物品单独放在固定的地方,将偶尔使用的物品放在工作场地,将常用的物品放在自己的身边。

这是一个整顿工具和零件的过程,目的是不浪费时间寻找物品,以提高工作效率,如图1-11所示。

图1-10 整理

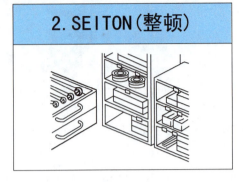

图1-11 整顿

3）清扫

这是一个使工作场地内所有物品保持干净、使所有设备处于正常工作状态的过程,如图1-12所示。一个肮脏的工作环境是职工缺少自信的反映,要养成保持工作场地清洁的好习惯。

4）清洁

这是一个努力保持整理、整顿和清扫状态的过程,如图1-13所示。

清洁的意义在于坚持整理、整顿、清扫活动,创造一个良好的工作环境,使员工能够心情愉悦地工作。如果工作环境变得清新明亮,也能够给顾客带来良好的感受。

图1-12 清扫

图1-13 清洁

图1-14 自律

5）自律（素养）

自律是"5S"的核心。

自律是通过让职工参加规章制度方面的培训,努力提高自身修养,养成遵守规章制度的习惯,成为企业合格的员工,如图1-14所示。

作业须知：

(1)进行维修工作时,要保持油污、工具、零件"三不落地"。

(2)工具和零件不能随地乱放,应放在工具车、零件车或工作台上；机油、燃油和润滑脂等液体撒落到地面,应立即清除,以防自己和他人滑倒,如图1-15所示。

图1-15 人为因素造成的事故

(3) 拔下插头时,不要拉导线而要拉插头本身;不要用湿手接触任何电气设备,不要让电缆处于潮湿、油污和炽热的环境中,如图1-16所示。

图1-16 注意用电安全

二、计划与实施

 5. 按规范着装,培养基本的安全意识,是实操学习的必要前提。

着装准备(以丰田技术员为例),如图1-17所示。

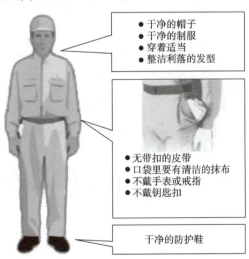

图1-17 着装准备

(1)工作服:为防止工作时损坏汽车,不要暴露工作服的带子、纽扣和金属装饰物;为了防止人体受伤,也不要裸露皮肤。

(2)工作鞋:工作时要穿安全鞋,不能穿凉鞋或运动鞋,以防滑倒和被偶然掉落的物体砸伤。

(3)工作手套:搬动重的物体或拆卸热的零部件时,建议戴上手套。使用砂轮机、钻孔机或操作旋转运动的工具时不能戴手套。

 6. 识别汽车发动机舱的零部件,知道名称及作用。

实训的车型:_____。

在整车上完成下面的工作任务:认识发动机系统的总成和零部件,并将发动机系列号填写在图1-18的空格中。

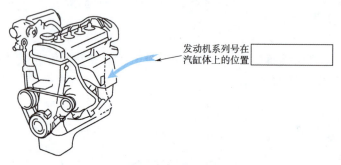

图1-18 发动机系列号在汽缸体上的位置

 7. 观察发动机有哪些组成,并叙述它们的作用。

发动机的总体构成有两大机构、五大系统。

(1)两大机构:_____和_____。

备选答案:A. 曲柄连杆机构　　B. 传动机构　　C. 驱动机构　　D. 配气机构

(2)五大系统分别为_____、_____、_____、_____和冷却系统。

备选答案:A. 制动系统　B. 传动系统　C. 起动系统　D. 点火系统　E. 燃油供给系统　F. 润滑系统　G. 供电系统

📖 **学习思考**

五大系统是否缺一不可?它们能否独立工作?

 8. 空气是发动机可燃混合气成分之一,进、排气是汽车发动机正常运行所必需的过程,请就车说出发动机内空气流动的路线。

观察图1-19并结合学习车辆,分别写出发动机进气、排气时的气体流动的路线。

发动机在进气时,空气→

发动机在排气时,废气→

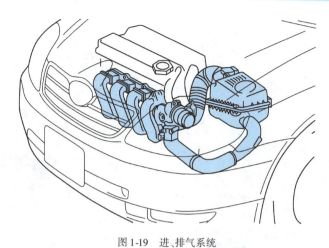

图1-19 进、排气系统

学习思考

发动机需要"呼吸"吗?为什么?

 9.发动机工作时需要冷却来保持适当的温度,请叙述典型冷却系统的零部件名称,并分析冷却液大循环的路线。

观察图1-20并结合实物,在空格中填写冷却系统的零部件名称。

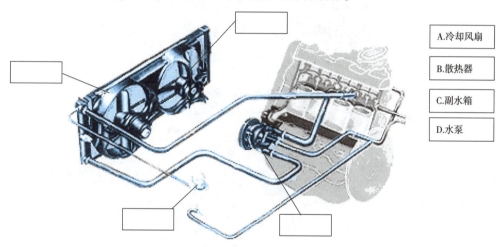

A.冷却风扇

B.散热器

C.副水箱

D.水泵

图1-20 冷却系统

冷却液在发动机体内的流动路线(大循环):

散热器→

→水箱

学习思考

你知道发动机正常的冷却液温度应该是多少吗?

10. 发动机的运转需要燃烧油料,说出发动机燃油供给路线。

观察图 1-21 并结合实物,找出发动机燃油供给系统相关零部件,写出发动机燃油供给的路线。

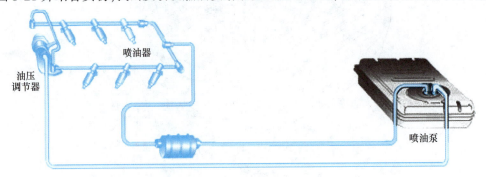

图 1-21 燃油供给系统

油箱→

 11. 发动机的起动需要外力的支持,请分析这个外力来自哪里。

观察图 1-22 并结合实物,找出起动机、发电机及蓄电池的位置,填写在空格中。

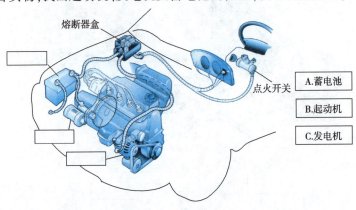

图 1-22 起动系统

 12. 发动机运转需要机油进行润滑,在汽车上或发动机台架上找出润滑系统的供油线路。

观察图 1-23 并结合实物,写出发动机润滑系统的供油路线。

进油口→

学习任务1　发动机总体结构认识

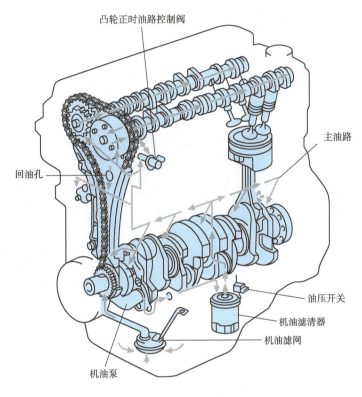

图1-23　润滑系统

 学习思考

随着发动机的工作时间增长,越来越多的杂质进入润滑油。润滑系统究竟是靠什么部件来进行系统内清洁的?

13. "5S"理念对于同学们高效、安全、可靠地完成工作任务有着至关重要的作用。这个理念应始终贯穿于学习的各个环节。

在进行工作任务学习的过程中,工具、零件、设备、维修资料等的摆放,工作场地的整洁与否,同学们的态度、言行举止是否得当等都将对学习效果产生重要影响。规范的工具、零件摆放如图1-24、图1-25所示。

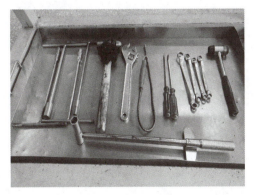

图1-24　摆放整齐、有序的工具

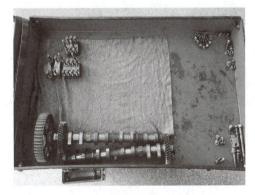

图1-25　摆放整齐、合理的零件

11

请按"5S"理念的要求,在实训场地进行一次"5S"活动。

学习拓展

(1)通过查找资料,说出柴油发动机的工作过程和汽油发动机最大的不同点。

(2)为什么柴油发动机广泛用在载货汽车上?

(3)你能说出不同排列方式的发动机各有什么特点吗?

三、评价反馈

1. 学习自测题

(1)汽车发动机按冷却方式的不同可分为(　　)发动机和(　　)发动机。
　　A. 风冷　　　　　　B. 水冷　　　　　　C. 自然冷却　　　　D. 强制冷却
(2)按照汽缸排列方式的不同,发动机可以分为(　　)。
　　A. 直列式发动机　　　　　　　　　　　B. 水平对置式发动机
　　C. V形发动机　　　　　　　　　　　　D. W形发动机
(3)发动机是将某一种形式的能量转换为(　　)的机器。
　　A. 电能　　　　　　B. 化学能　　　　　C. 太阳能　　　　　D. 机械能
(4)汽油发动机排放的有害气体主要为(　　)。
　　A. CO　　　　　　 B. NO_x　　　　　C. CO_2　　　　　D. HC
(5)发动机五大系统不包括(　　)。
　　A. 充电系统　　　　B. 点火系统　　　　C. 起动系统　　　　D. 冷却系统
(6)冷却液不经过散热器的循环称为(　　)。
　　A. 大循环　　　　　B. 小循环　　　　　C. 风冷　　　　　　D. 水冷
(7)(　　)是一个整顿工具和零件的过程,目的是为了方便使用。
　　A. 整理　　　　　　B. 整顿　　　　　　C. 自律　　　　　　D. 清洁
(8)工作时要穿(　　),以防滑倒和被偶然掉落的物体砸伤。
　　A. 安全鞋　　　　　B. 凉鞋　　　　　　C. 运动鞋　　　　　D. 以上均可
(9)进行维修工作时,要保持(　　)三不落地。
　　A. 工具　　　　　　B. 零件　　　　　　C. 油污　　　　　　D. 抹布
(10)理论上,空气与汽油两种材料完全燃烧时的比例为(　　)。
　　A. 1∶1　　　　　　B. 10∶1　　　　　　C. 16∶1　　　　　　D. 14.7∶1

学习任务1　发动机总体结构认识

2. 学习目标达成度的自我检查(表1-1)

自我检查表　　　　　　　　　　　　表1-1

序号	学习目标	达成情况(在相应的选项后打"√")		
		能	不能	如果不能,是什么原因
1	叙述发动机各系统的基本组成、作用和工作原理			
2	叙述发动机在汽车上的几种安装位置,及其与传动系统的关系			
3	识别汽车发动机各系统外部的主要零部件			
4	懂得工作安全要领			
5	懂得工作现场的管理常识			
6	对自己的学习和工作效果作出自我评价			

3. 日常表现性评价(由小组长或者组内成员进行评价)

(1)工作页填写情况。(　　)

　　A. 填写完整　　　　　　　　　　　　B. 缺失 0~20%

　　C. 缺失 20%~40%　　　　　　　　　D. 缺失 40% 以上

(2)工作着装是否规范?(　　)

　　A. 穿着校服(工作服)、佩戴胸卡　　　B. 校服或胸卡缺失一项

　　C. 偶尔会既不穿校服又不戴胸卡　　　D. 始终未穿校服、未佩戴胸卡

(3)能否主动参与工作现场的清洁和整理工作?(　　)

　　A. 积极主动

　　B. 在组长的要求下能参与

　　C. 在组长的要求下能参与,但效果差

　　D. 不愿意参与

(4)操作发动机台架时,有无警示其他同学?(　　)

　　A. 有警示　　　　　　　　　　　　B. 无警示

(5)是否达到全勤?(　　)

　　A. 全勤　　　　　　　　　　　　　B. 缺勤 0~20%(有请假)

　　C. 缺勤 0~20%(旷课)　　　　　　D. 缺勤 20% 以上

(6)总体印象评价。(　　)

　　A. 非常优秀　　　　B. 比较优秀　　　　C. 有待改进　　　　D. 急需改进

(7)其他建议:

小组长签名:_____　　　　　　　　　_____年_____月_____日

4. 教师总体评价

(1)对该同学所在小组整体印象评价。(　　)

　　A. 组长负责,组内学习气氛好

　　B. 组长能组织组员按要求完成学习任务,个别组员不能达成学习目标

C. 组内有30%以上的学员不能达成学习目标
D. 组内大部分学员不能达成学习目标

(2)对该同学整体印象评价：
_____
_____
_____。

教师签名：_____　　　　　_____年_____月_____日

学习任务 2　起动机的更换

学习目标

完成本学习任务后,你应当能:
1. 叙述发动机起动系统的组成与作用;
2. 识别发动机起动系统的主要零部件并叙述其主要作用;
3. 会制订更换起动机的计划,并在发动机上规范更换起动机;
4. 规范、合理地使用工具;
5. 对起动机的安装质量进行自检。

建议完成本学习任务为 4 学时
学时分配:学习准备 1 学时;计划与实施 2 学时;学习拓展 0.5 学时;评价反馈 0.5 学时。

内容结构

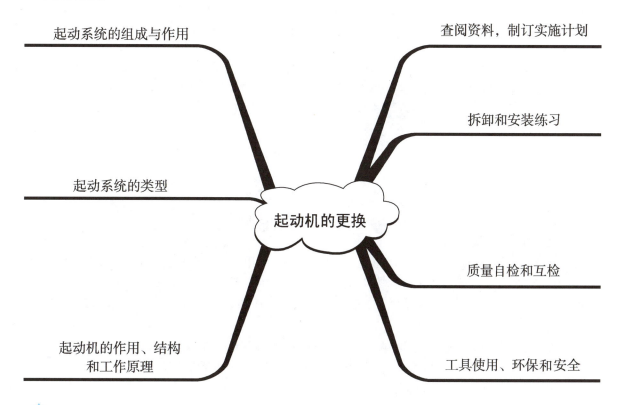

 学习任务描述

在使用汽车时会遇到发动机不能起动的现象,经维修技师诊断,确定起动机有故障,需要更换。请你按照操作规范,正确地进行起动机的更换,使其正常工作。

起动系统是汽车的重要组成部分,驾驶人通过点火开关控制起动机的运转,起动机运转时通过飞轮齿圈带动飞轮和曲轴旋转,使汽车顺利起动。通过起动系统的学习,掌握起动系统的组成、作用、类型和各总成的安装位置。为了完成起动机的更换工作,请你明确更换起动机的操作规程,制订更换起动机的计划,更换安装后对安装质量进行自检。

一、学习准备

1. 汽车起动系统各总成的安装位置、组成及作用如何?

1)起动系统各总成的安装位置

在学习车辆上观察起动系统各总成的安装位置,并填写表2-1。

起动系统各总成的安装位置　　　　　　　表2-1

零部件名称	安装位置(在方框内画"√")
起动机	发动机前部□　中部□　后部□　驾驶室内□　底盘前部□　中部□　后部□
蓄电池	发动机舱□　驾驶室内□　底盘前部□　中部□　后部□
点火开关	发动机舱□　驾驶室内□　底盘前部□　中部□　后部□

2)起动系统的组成

如图2-1所示,起动系统主要由蓄电池、起动机、点火开关和起动电路等组成。

在图2-1中,根据蓄电池、起动机、点火开关的位置,将其名称填写在对应的空格内。

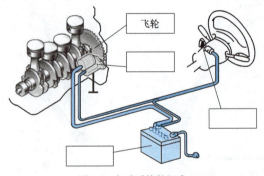

图2-1　起动系统的组成

3)起动系统的作用

起动系统的作用是通过_____接通起动系统电路,再利用_____将蓄电池储存的电能转变为机械能,带动_____以足够高的转速运转,以便_____顺利起动。

备选答案:A.蓄电池　　B.起动机　　C.点火开关　　D.发动机

4)起动机的类型

起动机常见的类型有4种:常规型、减速型、行星型和行星减速部分导体电动机型等。

(1)常规型起动机:转子和驱动齿轮按同种方式旋转的起动机,如图2-2所示。

写出图2-2中数字表示的零件名称:

1_____;2 转子。

(2)减速型起动机:为了降低转子转速,在驱动器和驱动齿轮之间使用惰轮的起动机,如图2-3所示。

写出图2-3中数字表示的零件名称:

1_____;2_____;3_____。

备选答案:A.惰轮　　B.驱动齿轮　　C.转子

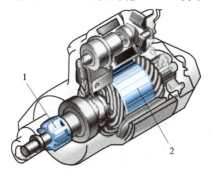
图 2-2　常规型起动机

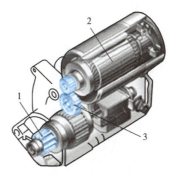
图 2-3　减速型起动机

(3)行星型起动机:使用行星齿轮来降低转子转速的起动机,如图2-4所示。

写出图 2-4 中数字表示的零件名称:

1 ＿＿＿＿＿＿＿＿;2 ＿＿＿＿＿＿＿＿;3 ＿＿＿＿＿＿＿＿。

备选答案:A.转子　　B.驱动齿轮　　C.行星齿轮

(4)行星减速部分导体电动机型起动机:永久磁铁用于励磁线圈上,转子线圈制作的较紧凑,因而整体上长度较短,如图2-5所示。

写出图 2-5 中数字表示的零件名称:

1 ＿＿＿＿＿＿＿＿;2 ＿＿＿＿＿＿＿＿;3 ＿＿＿＿＿＿＿＿。

备选答案:A.永久磁铁　　B.驱动齿轮　　C.行星齿轮

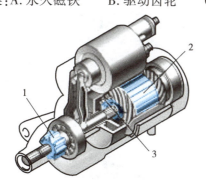
图 2-4　行星型起动机

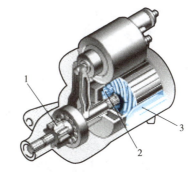
图 2-5　行星减速部分导体电动机型起动机

 小词典

定子:用来产生电动机运转所必需的磁场。

转子:又称起动机的电枢,是产生旋转转矩的核心部件,如图2-6所示。

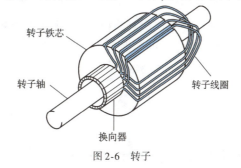
图 2-6　转子

二、计划与实施

 2. 制订更换起动机的计划,更换起动机,并说出更换时应注意哪些问题。

1)了解以下信息
(1)使用的工具:＿＿＿＿＿＿＿＿＿＿＿＿＿＿＿＿＿＿＿＿＿＿＿＿＿。
(2)学习的车型:＿＿＿＿＿＿＿＿＿＿。
2)拆装注意事项
(1)拆卸起动机前一定要先拆下蓄电池负极电缆。
(2)注意每个零件的安装位置和方向。
(3)拆卸下来的零件要合理地进行摆放。
(4)工具的选取、使用应规范,摆放应合理。

 学习思考

怎样摆放工具可以提高工作效率?选择正确的答案并在□中打"√"。
□ 工具放在容易拿到的位置,使用后随意放置。
□ 工具放置有序且放在容易拿到的位置,使用后放回原处。

 3. 在选取工具时,应根据具体的工作要求合理选取工具,并注意动作的规范性。

工具的选取原则:在选取工具时,应首要考虑选取的工具在使用过程中不易对操作人员或零件造成伤害。其次,应根据具体的使用条件,选取合适的类型、尺寸、长度且最为高效、省力的工具。

常用的发动机拆装工具有三种,分别是套筒扳手、梅花扳手和开口扳手,如图2-7所示。

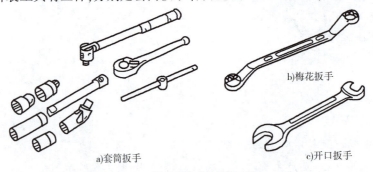

图2-7 常用的发动机拆装工具

在使用过程中,根据工具的选取原则,应首选套筒扳手;无法使用套筒扳手的条件下考虑选择梅花扳手;套筒扳手和梅花扳手都无法使用的条件下再考虑选择开口扳手。

(1)套筒扳手的选取应遵循以下原则,如图2-8所示。
①选择合适的套筒尺寸。
②选择合适的套筒深度。
③选择合适的套筒钳口类型。
④根据不同的使用条件,选择长度合适的加长杆,如图2-9所示。

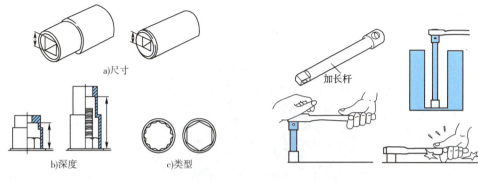

图 2-8 套筒　　　　　　　图 2-9 加长杆

（2）梅花扳手的使用应遵循的原则，如图 2-10 所示。
①选择规格尺寸合适的梅花扳手。
②使用时应注意避免工具与其周围其他部件产生干涉。
（3）开口扳手的使用应遵循的原则，如图 2-11 所示。
①选择规格尺寸合适的开口扳手。
②使用时应注意避免工具与其周围其他部件产生干涉。
③开口扳手的钳口应完全套在螺栓或螺母上。
④不得随意增加加长杆。

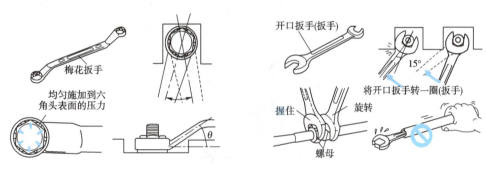

图 2-10 梅花扳手　　　　　　　图 2-11 开口扳手

请按照教师的要求，针对发动机上的某些螺栓，按照工具的选取原则进行针对性练习。

4. 小组阅读并讨论维修手册，确定拆装的基本顺序，讨论拆卸步骤和注意事项。

学习如何制订起动机的拆卸计划。分小组通过观察实车、查阅手册或工作页，讨论后将表 2-2 中起动机的拆卸步骤进行正确排序。

起动机的拆卸步骤　　　　　　　　　　　　　　　　表 2-2

序号	拆 卸 步 骤
	断开蓄电池负极电缆
	关闭点火开关，拔下车钥匙
	读取和记录故障诊断系统的故障码及其他信息
	拆下起动机
	从起动机上拆下两条导线

拆卸步骤和要求：
(1) 选取合适的工具断开蓄电池的负极电缆，如图 2-12 所示。

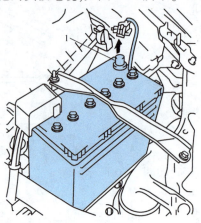

图 2-12　蓄电池负极

> **小提示**
>
> 断开蓄电池的负极电缆之前应首先读取和记录故障诊断系统的故障码以及其他信息。

(2) 从起动机上拆下两条导线，如图 2-13 所示。拆下"30"接线柱螺母，从起动机的电磁开关上拆下蓄电池至起动机的正极电缆。从起动机"50"接线柱上拉出导线连接接头。

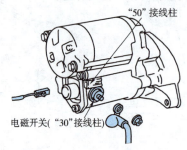

图 2-13　拆下起动机上的导线

> **小提示**
>
> 从起动机"50"接线柱上拉出导线连接接头，应先解除锁紧部件的锁止，然后断开连接器。

(3) 拆下起动机。拧松起动机的安装螺栓，然后将起动机从飞轮壳上拆下，如图 2-14 所示。

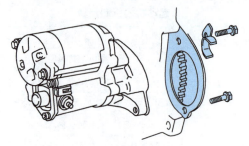

图 2-14　拆下起动机

学习拓展

（1）蓄电池的作用：在发动机停止工作或发电机输出电压_____（高于/低于）蓄电池电压时为汽车用电设备_____，当发动机正常运转时,将发电机发出的多余的电能_____。

（2）蓄电池的负极端子通过负极电缆与_____（车身/用电设备）相连,正极端子通过正极电缆与_____（车身/用电设备）相连。

（3）起动机的基本电路简介：

"50"接线柱是蓄电池通过点火开关,给起动机控制装置供电的接线柱,当点火开关转到起动挡,就会通电使起动机控制装置工作。

"30"接线柱是蓄电池通过控制装置给起动机转子供电的接线柱,为满足起动时大电流要求,通常电缆直径较大。

（4）起动机由直流电动机、传动机构和控制装置组成。查阅资料,在图2-15中空格中标出直流电动机、传动机构和控制装置。

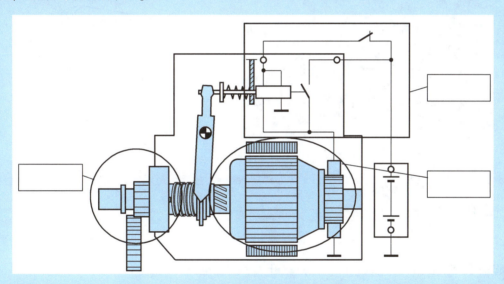

图2-15 起动机的组成

（5）起动机的工作原理：通过起动机的控制装置来控制_____（直流电动机/传动机构）的工作。_____（直流电动机/传动机构）是用来产生力矩,并通过驱动小齿轮带动发动机的飞轮旋转。

 5. 小组阅读并讨论维修手册,确定装配的基本顺序,讨论装配步骤和注意事项。

1）装配时注意事项

（1）防止损坏接线柱端子。一定要正确安装电缆,并确保电缆安装稳固。

（2）在实际车辆维修中,连接蓄电池负极后应复原车辆信息。

2）具体装配步骤

（1）安装起动机：插入起动机,用起动机安装螺栓固定起动机。

（2）拧紧起动机安装螺栓：将起动机顶在离合器或变矩器壳上,然后用手拧动安装螺栓2~3圈,再拧至规定拧紧力矩（拧紧力矩：39N·m）,如图2-16所示。

小提示

拧紧起动机安装螺栓至规定力矩时,要使用扭力扳手。

 学习思考

拧紧起动机安装螺栓时,为什么先用手拧紧安装螺栓2~3圈,再用扭力扳手拧至规定拧紧力矩?

(3)连接起动机连接器:将连接器插入"50"接线柱,确定连接器牢固接合。

(4)连接起动机电缆:将起动机电缆连接到起动机的端子"30"上,用螺母将其固定,如图2-17所示。

(5)将蓄电池搭铁线连接在蓄电池上,拧紧接线柱螺栓。

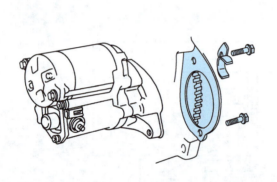

图2-16 安装起动机

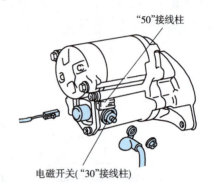

图2-17 安装电源线

三、评价反馈

1. 学习自测题

(1)起动系统主要由(　　)、(　　)、点火开关和起动电路等组成。
　　A. 蓄电池　　　　　B. 发电机　　　　　C. 起动机　　　　　D. 空调压缩机
(2)蓄电池的负极端子通过负极电缆与(　　)相连,正极端子通过正极电缆与(　　)相连。
　　A. 车身　　　　　　B. 用电设备　　　　C. 蓄电池正极　　　D. 蓄电池负极
(3)常用的发动机拆装工具有三种,分别是(　　)、(　　)和开口扳手。
　　A. 套筒扳手　　　　B. 梅花扳手　　　　C. 风炮　　　　　　D. 十字螺丝刀
(4)起动系统的作用是通过(　　)接通起动系统电路,再利用(　　)将蓄电池储存的电能转变为机械能,带动(　　)以足够高的转速运转,以便(　　)顺利起动。
　　A. 蓄电池　　　　　B. 起动机　　　　　C. 点火开关　　　　D. 发动机
(5)起动机常见的类型有(　　)。
　　A. 常规型　　　　　　　　　　　　　　　B. 减速型
　　C. 行星型　　　　　　　　　　　　　　　D. 行星减速部分导体电动机型
(6)在使用套筒扳手时应注意(　　)。
　　A. 选择合适的套筒尺寸　　　　　　　　　B. 选择合适的套筒深度
　　C. 选择合适的套筒钳口类型　　　　　　　D. 选择长度合适的加长杆

2. 学习目标达成度的自我检查(表2-3)

自 我 检 查 表　　　　　　　　　　　表2-3

序号	学习目标	达成情况(在相应的选项后打"√")		
		能	不能	如果不能,是什么原因
1	叙述发动机起动系统的组成与作用			
2	识别发动机起动系统的主要零部件并叙述其主要作用			
3	独立制订更换起动机的计划,并在发动机上规范更换起动机			
4	规范、合理地使用工具			
5	对起动机的安装质量进行自检			

3. 日常表现性评价(由小组长或者组内成员进行评价)

(1) 工作页填写情况。(　　)

　　A. 填写完整　　　　B. 缺失 0~20%　　　C. 缺失 20%~40%　　　D. 缺失 40%以上

(2) 工作着装是否规范？(　　)

　　A. 穿着校服(工作服)、佩戴胸卡

　　B. 校服或胸卡缺失一项

　　C. 偶尔会既不穿校服又不戴胸卡

　　D. 始终未穿校服、未佩戴胸卡

(3) 能否主动参与工作现场的清洁和整理工作？(　　)

　　A. 积极主动参与

　　B. 在组长的要求下能参与

　　C. 在组长的要求下能参与,但效果差

　　D. 不愿意参与

(4) 检查起动机功能,在发动机台架上起动发动机时,有无警示其他同学？(　　)

　　A. 有警示　　　　　　　　　　　　　B. 无警示

(5) 是否达到全勤？(　　)

　　A. 全勤　　　　　　　　　　　　　　B. 缺勤 0~20%(有请假)

　　C. 缺勤 0~20%(旷课)　　　　　　　D. 缺勤 20%以上

(6) 总体印象评价。(　　)

　　A. 非常优秀　　　　B. 比较优秀　　　C. 有待改进　　　D. 急需改进

(7) 其他建议：

小组长签名：_____　　　　　　　_____年_____月_____日

4. 教师总体评价

(1) 对该同学所在小组整体印象评价。(　　)

　　A. 组长负责,组内学习气氛好

B. 组长能组织组员按要求完成学习任务,个别组员不能达成学习目标
C. 组内有 30% 以上的学员不能达成学习目标
D. 组内大部分学员不能达成学习目标

(2) 对该同学整体印象评价：

_____

_____

_____。

教师签名：_____　　　　　　　　_____年_____月_____日

学习任务3 发电机的更换

学习目标

完成本学习任务后,你应当能:
1. 叙述发动机电源系统的组成、作用和工作原理;
2. 识别发动机电源系统的主要部件并叙述其主要作用;
3. 独立制订更换发电机的计划;
4. 在汽车上规范更换发电机;
5. 对发电机的安装质量进行自检。

建议完成本学习任务为4学时
学时分配:学习准备0.5学时;计划与实施2学时;学习拓展1学时;评价反馈0.5学时。

内容结构

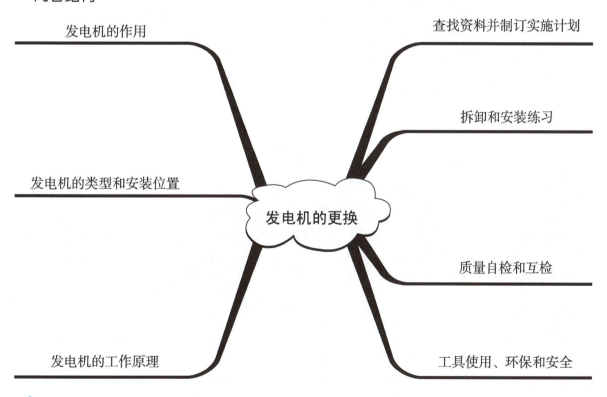

 学习任务描述

某车辆出现了异常情况,经诊断,确定发电机已经损坏,需要更换。请你按照技术规范,正确地进行发电机的更换,安装后能使其正常工作。

汽车上通常有两个电源：蓄电池与发电机。蓄电池只能在发动机不工作或怠速、起动工况下工作。在发动机正常工作时，汽车的用电设备主要靠发电机供电。通过发电机的学习，掌握发电机的组成、作用和安装位置。为了完成发电机的更换工作，请你按操作规程制订更换发电机的计划，更换后对其安装质量进行自检。

一、学习准备

1. 你能在汽车上找到发电机的安装位置，并识别它的外形结构吗？

发电机的外观和安装位置如图 3-1 所示。

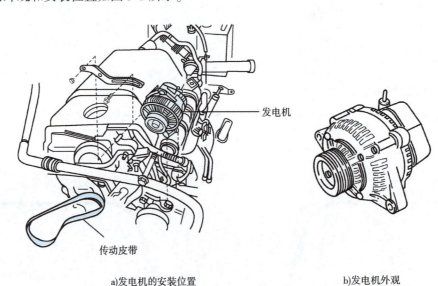

a) 发电机的安装位置 　　　　　　　　b) 发电机外观

图 3-1　发电机的外观和安装位置

2. 发电机的作用是什么？

交流发电机的主要作用是对除起动机以外的所有用电设备供电，并向_____充电。我国目前汽车的电压分为两种：12V 和 24V。前者主要用在_____汽车，后者主要用于_____汽车。

备选答案：A. 蓄电池　　B. 起动机　　C. 汽油发动机　　D. 柴油发动机

3. 发电机的主要部件有哪些？

我们可以通过了解典型发电机的结构来认识汽车发电机。

目前，汽车上几乎都采用由三相同步交流发电机和硅二极管整流器两大部分构成的交流发电机，其基本结构如图 3-2 所示。

交流发电机的主要部件：_____、_____、二极管、电刷、电刷架、轴承、冷却风扇、前端盖和后端盖等，如图 3-3 所示。

备选答案：A. 转子　　B. 定子　　C. 驱动齿轮

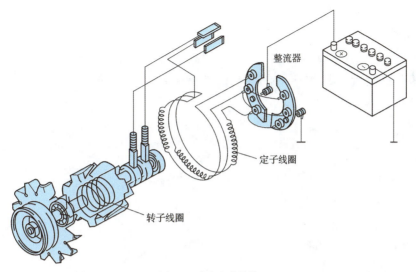

图 3-2 发电机的结构

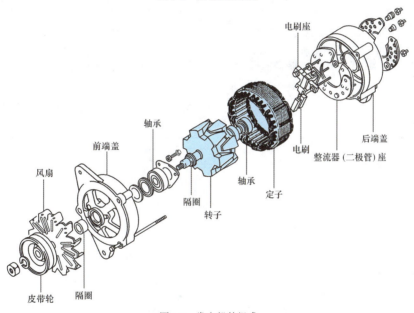

图 3-3 发电机的组成

 小词典

（1）交流电：简写为"AC"。一般指大小和方向随时间周期性变化的电流。它的最基本形式是正弦电流。

（2）直流电：简写为"DC"。直流电的电荷在一个电路中沿着单一方向流动，其方向不随时间发生改变，但电流大小可能有波动。

（3）整流：汽车电气元件工作所需电流和蓄电池充电所需电流，均为直流电。但交流发电机产生的是三相交流电，因此，必须转换成直流电才能用于汽车的充电系统。将交流电转换成直流电的过程称为整流。

（4）电压调节器：由交流发电机产生的电压，随发电机转速以及发电机上的载荷（输出电流）的大小而异。为使交流发电机能以恒定"标准"电压供电，必须用稳压器控制输出电压，因而汽车的充电系统不仅有交流发电机，而且还有稳压器，又称为发电机电压调节器。

二、计划与实施

4. 制订更换发电机的计划,更换发电机,并说出更换发电机应注意哪些问题。

1)了解以下信息

(1)使用的工具:_____。

(2)学习的车型:_____。

2)拆卸的注意事项

(1)断开电路后才能拆卸发电机。

(2)工具的使用要合理规范。

(3)每个零件的安装位置和方向。

(4)防止零件工作表面被擦伤。

(5)拆装的安全。

(6)防止电路短路和着火。

5. 小组讨论并阅读维修手册,确定拆卸的基本顺序,讨论拆卸步骤和注意事项。

请按照教师的要求,制订发电机的拆卸计划,并将表3-1中发电机的拆卸步骤进行正确排序。

发电机的拆卸步骤　　　　　　　　　　　　　　　　　　　表3-1

序号	拆 卸 步 骤
	拆下发电机电缆和连接头
	关闭点火开关,拔下车钥匙
	拆下发电机传动带
	读取和记录故障诊断系统的故障码及其他信息
	拆下发电机
	拆下发电机固定螺栓
	断开蓄电池负极电缆

拆卸步骤和要求如下。

(1)断开蓄电池的负极电缆,如图3-4所示。

拆装发电机前为什么要断开蓄电池的负极电缆?

(2)拆下发电机电缆和连接头,如图3-5所示。

(3)拆卸发电机皮带及螺栓,如图3-6所示。

拧松用于调节传动皮带张紧力的发电机安装螺栓和紧固螺栓。拧松调节螺栓,然后向可松开皮带的方向移动发电机,拆下皮带。

拆下发电机紧固螺栓和安装螺栓。

注意:如果在松开紧固螺栓之前就先松开调节螺栓,则调节螺栓可能会变形。

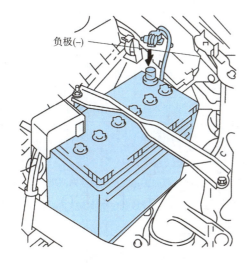

图 3-4 断开蓄电池负极电缆

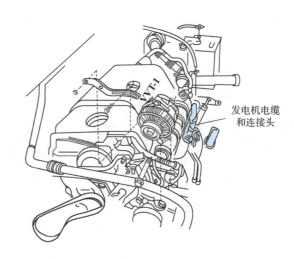

图 3-5 拆卸发电机电缆和连接头

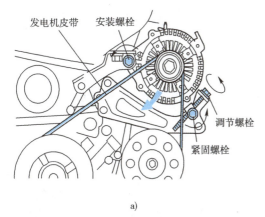

a)

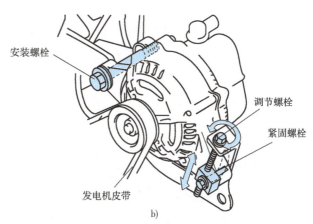

b)

图 3-6 拆卸发电机皮带及螺栓

 6. 将发电机拆卸下来后,你要知道发电机的各个接线端子有什么含义。

拆下发电机。

> **学习拓展**
>
> (1)发动机各端子的含义。
> ①"B+"(或"+B"):为发电机输出端子,用一根很粗的导线连至蓄电池正极或起动机上。
> ②"IG":通过线束接至点火开关。
> ③"L":为充电指示灯连接端子,该导线通过线束接仪表板上的_____灯或充电指示继电器。
> ④"S"(或"R"):为调节器的电压检测端子,通过一根稍粗的导线直接连接_____的正极。
> ⑤"E":为发电机和调节器的_____端子。
> ⑥端子"F"为发电机调节器磁场端子。
> (2)典型发电机电路图。
> 典型发电机电路如图 3-7 所示。

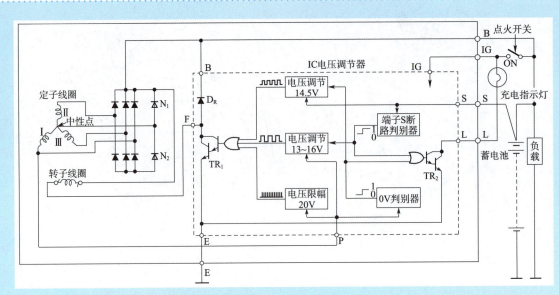

图3-7 发电机的电路图

 小词典

电磁感应:当磁力线被磁场中运动的导体切割时,在导体内会产生电动势(感应电压),如果导体是一个闭合电路的一部分,则会有电流流动。

 学习拓展

　　交流发电机基本工作原理:当电流通过电刷流经发电机的励磁绕组(即转子线圈)时,在励磁绕组周围便产生磁场,使爪极被磁化。当转子旋转时,磁通交替地在定子绕组中变化,根据电磁感应原理可知,定子的三相绕组中便会产生交变的感应电动势。

7. 小组阅读并讨论维修手册,确定装配的基本顺序,讨论装配步骤和注意事项。

1)装配时注意事项
(1)防止短路烧坏线路和其他用电设备。
(2)防止零件工作表面被擦伤,如不当的敲击和放置等。
(3)在安装前必须清洁零件。
(4)注意每个零件的安装位置和方向。
(5)工具的使用要合理、规范。
(6)注意拆装的安全和工作现场的管理。
2)制订装配计划并实施
(1)装上安装螺栓并接上发电机,再安装紧固螺栓和调节螺栓,如图3-8所示。注意,在所有螺栓都未拧紧的情况下,将皮带安装到所有皮带轮上。
(2)将发电机朝可以拉紧皮带的方向移动,然后将其固定牢固。

(3)用手尽量旋紧调节螺栓,再用工具将其拧紧。检查皮带已张紧后,拧紧紧固螺栓,然后再拧紧安装螺栓。

检查皮带变形量:首先将精密直规倚放在发电机和曲轴皮带轮中间位置的皮带上,用98N的力推压皮带的中心后部,再用钢直尺测量变形量,如图3-9所示。

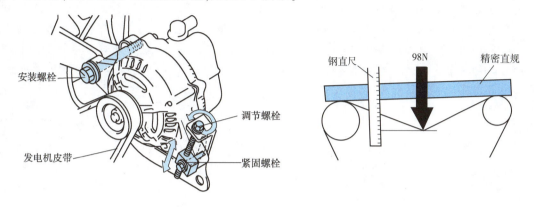

图3-8　螺栓和支架　　　　　　　　　　　　图3-9　检查皮带变形量

 小提示

发电机皮带变形量的规定数值(适用于2000年8月丰田卡罗拉1NZ—FE发动机):

若安装了新的皮带:7~8.5mm。

若安装了重复使用的皮带:11~13mm。

发动机不同,皮带变形量的规定数值也不同。因此,请参考修理手册。

(4)接好发电机电缆和连接头,如图3-10所示。

 学习思考

安装发电机时需要更换发电机皮带吗?怎样鉴定发电机皮带能否重复使用?

(5)接上蓄电池负极端子,如图3-11所示。

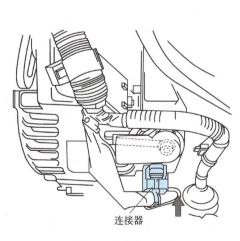
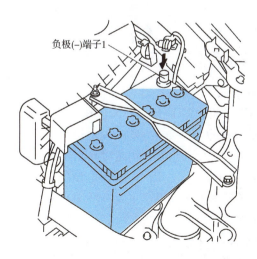

图3-10　电缆和连接头　　　　　　　　　　图3-11　蓄电池正负极

学习拓展

(1) 电压调节器。

由于发电机与发动机的传动比是固定不变的,所以发电机的转速将随发动机转速的变化而变化。汽车在运行过程中,发动机转速的变化范围很大,发电机的输出电压也将随发动机的转速变化而在很大范围内变化。然而,发电机对用电设备供电和对蓄电池充电时,都要求其输出电压稳定。所以,为了使发电机的输出电压始终保持在某一数值基本不变,就必须对发电机的输出电压进行调节。整体式交流发电机内部集成有电压调节器,其通过对发电机励磁绕组内电流的控制,实现对发电机输出电压的调节,如图3-12所示。

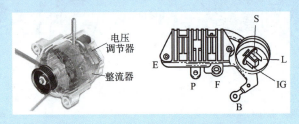

图3-12 丰田车用单片式集成电路电压调节器

(2) 整流器。

整流器利用六只硅整流二极管将定子绕组发出的三相交流电整流变成直流电,并阻止蓄电池通过发电机放电,如图3-13所示。

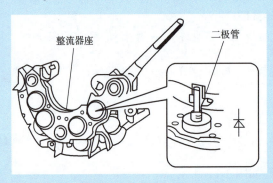

图3-13 整流器总成

三、评价反馈

1. 学习自测题

(1) 在发动机正常工作时,汽车的用电设备主要靠(　　)供电。
　　A. 蓄电池　　　　　B. 发电机　　　　　C. 起动机　　　　　D. 空调压缩机

(2) 交流发电机的主要作用是对除起动机以外的(　　)供电,并向(　　)充电。
　　A. 起动机　　　　　B. 用电设备　　　　C. 蓄电池　　　　　D. 发动机

(3) 目前我国汽车的电压主要有(　　)和(　　)两种。
　　A. 220V　　　　　　B. 12V　　　　　　C. 24V　　　　　　D. 36V

(4) 交流电一般是指(　　)和(　　)随时间作周期性变化的电流。
　　A. 幅值　　　　　　B. 大小　　　　　　C. 方向　　　　　　D. 频率

(5) 汽车电气元件工作所需电流和蓄电池充电所需电流,均为(　　)电。
　　A. 交流　　　　　　B. 直流　　　　　　C. 高压　　　　　　D. 低压
(6) 在安装发电机时,装上发电机皮带后,利用(　　)调整皮带的松紧度,皮带松紧度调整好后才能拧紧(　　)。
　　A. 发电机皮带　　　　　　　　　　　　B. 安装螺栓
　　C. 紧固螺栓　　　　　　　　　　　　　D. 调节螺栓
(7) 电压调节器的作用是控制交流发电机的输出(　　),使交流发电机能以恒定的"标准"(　　)供电。
　　A. 电压　　　　　B. 电流　　　　　C. 功率　　　　　D. 电阻

2. 学习目标达成度的自我检查(表3-2)

自我检查表　　　　　　　　　　　　　　　　　　　　　　　　表3-2

序号	学习目标	达成情况(在相应的选项后打"√")		
		能	不能	如果不能,是什么原因
1	叙述发动机电源系统的组成、作用和工作原理			
2	识别发动机电源系统的主要部件并叙述其主要作用			
3	独立制订更换发电机的计划			
4	在汽车上规范更换发电机			
5	对发电机的安装质量进行自检			

3. 日常表现性评价(由小组长或者组内成员进行评价)
(1) 工作页填写情况。(　　)
　　A. 填写完整　　　　　　　　　　　　　B. 缺失0~20%
　　C. 缺失20%~40%　　　　　　　　　　D. 缺失40%以上
(2) 工作着装是否规范?(　　)
　　A. 穿着校服(工作服)、佩戴胸卡　　　　B. 校服或胸卡缺失一项
　　C. 偶尔会既不穿校服又不戴胸卡　　　　D. 始终未穿校服、未佩戴胸卡
(3) 能否主动参与工作现场的清洁和整理工作?(　　)
　　A. 积极主动参与
　　B. 在组长的要求下能参与
　　C. 在组长的要求下能参与,但效果差
　　D. 不愿意参与
(4) 起动发动机或操作发动机台架时,有无警示其他同学?(　　)
　　A. 有警示　　　　　　　　　　　　　　B. 无警示
(5) 是否达到全勤?(　　)
　　A. 全勤　　　　　　　　　　　　　　　B. 缺勤0~20%(有请假)
　　C. 缺勤0~20%(旷课)　　　　　　　　D. 缺勤20%以上
(6) 总体印象评价。(　　)
　　A. 非常优秀　　　　　　　　　　　　　B. 比较优秀
　　C. 有待改进　　　　　　　　　　　　　D. 急需改进

(7) 其他建议：

小组长签名：_____　　　　　　　　_____年_____月_____日

4. 教师总体评价

(1) 对该同学所在小组整体印象评价。(　　)

  A. 组长负责，组内学习气氛好

  B. 组长能组织组员按要求完成学习任务，个别组员不能达成学习目标

  C. 组内有30%以上的学员不能达成学习目标

  D. 组内大部分学员不能达成学习目标

(2) 对该同学整体印象评价：

_____

_____

_____。

教师签名：_____　　　　　　　　_____年_____月_____日

学习任务 4　分电器和火花塞的更换

学习目标

完成本学习任务后,你应当能:
1. 叙述发动机点火系统的组成、作用和工作原理;
2. 识别发动机点火系统的主要零部件并叙述其主要作用;
3. 独立制订更换分电器和火花塞的计划;
4. 规范更换分电器和火花塞;
5. 对分电器和火花塞的安装质量进行自检。

建议完成本学习任务为 8 学时
学时分配:学习准备 2 学时;计划与实施 4 学时;学习拓展 1 学时;评价反馈 1 学时。

内容结构

- 汽车点火系统的组成、作用及类型
- 分电器的作用和安装位置
- 火花塞的作用和安装位置
- 查阅资料并制订实施计划
- 拆卸和安装练习
- 质量自检和互检
- 工具使用、环保和安全

分电器和火花塞的更换

学习任务描述

发动机点火系统出现了异常情况,经诊断,确定分电器和火花塞已经损坏,需要更换。请你按照技术规范,正确地更换分电器和火花塞,使其正常工作。

分电器和火花塞的工作是否良好,直接影响到发动机点火性能,有可能导致发动机怠速不良或动力下降,严重的甚至使发动机不能起动。一经诊断分电器或火花塞有故障必须及时修理或更换。通过更换分电器和火花塞,掌握发动机点火系统的组成、作用、类型,以及各组件的安装位置等。请你按操作规程制订更换分电器和火花塞的计划,更换安装后对安装质量进行自检。

一、学习准备

1. 发动机点火系统的组成、作用、类型有哪些?零部件的安装位置在哪里?

1)发动机点火系统

发动机点火系统组成如图4-1所示。

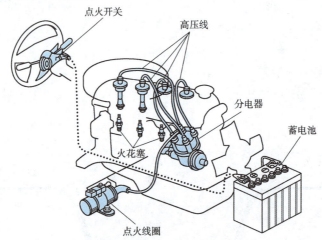

图4-1 发动机点火系统组成

点火系统的任务是在精确的时刻向火花塞提供高压脉冲,在火花塞间隙处产生电火花,从而使缸内的可燃混合气点火燃烧。如图4-1所示,点火系统应具有产生火花、分配火花、控制点火正时三个主要功能,请你用线将功能与相应名称正确地连接起来。

功能1:产生火花　　　　　火花塞

功能2:分配火花　　　　　分电器

功能3:控制点火正时　　　点火线圈和高压线

　　　　　　　　　　　　　分火头

2)点火系统的分类

(1)传统断电器触点式点火系统,如图4-2所示。

能够在火花塞两电极间产生电火花的全部设备称为发动机点火系统。传统断电器触点式点火系统主要由1_____、2点火开关、3_____、4高压线、5_____、6分电器总成、7分电器电容等组成。

备选答案:A.蓄电池　　B.火花塞　　C.点火线圈　　D.喷油嘴

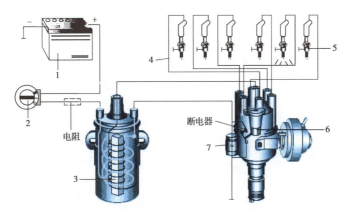

图 4-2 传统断电器触电式点火系统

（2）电子点火系统。随着汽车发动机向多缸、高转速、高压缩比的方向发展，同时为了提高汽车的经济性和排放性，要求汽车的点火系统必须能够提供足够高的_____、_____和_____。而传统点火系统已经不能满足这些要求，因此，电子点火系统应运而生。该类型点火系统的基本组成如图 4-3 所示。

备选答案：A. 初级电压　　B. 次级电压　　C. 火花能量　　D. 最佳点火时刻

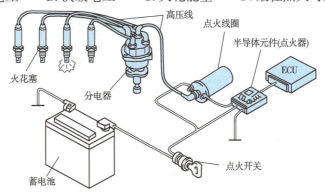

图 4-3 电子点火系统组成

电子点火系统主要由电子控制单元（ECU）、点火执行器和各类传感器组成。当发动机运转时，ECU 通过各传感器不断采集发动机转速、发动机_____、冷却液_____、进气温度等信号，将这些信号与 ECU 中存储的最佳控制参数进行对比，确定在当前工况下的最佳初级电路导通时间和最佳点火提前角，并向点火控制模块发出命令，最终控制火花塞点火。电子点火系统按是否配有分电器分为有分电器的微机控制点火系统和无分电器的微机控制点火系统，如图 4-4 和图 4-5 组成。

备选答案：A. 位置　　B. 温度　　C. 负荷

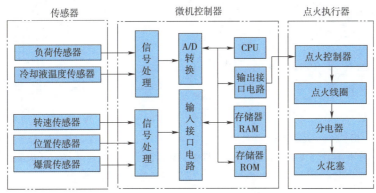

图 4-4 有分电器的电子点火系统

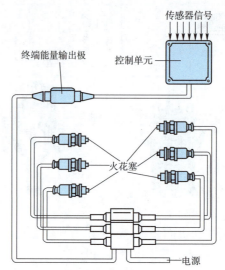

图 4-5 无分电器的电子点火系统

点火系统应用在哪些汽车上,请在正确选项的□上打"√"。
□ 柴油发动机汽车　　　　　　□ 汽油发动机汽车
□ 液化石油气汽车　　　　　　□ 电动汽车

3)点火系统的工作时机

当活塞在压缩行程接近上止点时,高电压加到火花塞的两个电极上,因此,产生了电火花;随后是点燃被压缩的空气燃油混合气,这种燃烧产生的高温、高压气体推动活塞向下运动,带动曲轴旋转并对外输出动力,这个行程是属于发动机四行程中的_____行程,如图 4-6 所示。

(1)分电器(半导体点火系统类型)。

分电器的功用是将_____中产生的高压电,按照发动机的工作顺序轮流分配到各汽缸的_____上,点燃可燃混合气。分电器的组成如图 4-7 所示。

备选答案:A.点火线圈　　B.喷油嘴　　C.火花塞　　D.蓄电池

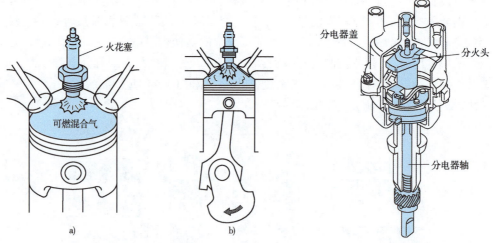

图 4-6　点火系统的工作时机　　　　　　　　图 4-7　分电器总成

如图 4-8 所示是用于丰田 5A 发动机的分电器,分电器还装有点火线圈、点火器、信号发生器等。

(2)火花塞。

火花塞的功用是将_____引入燃烧室产生_____并点燃混合气。图 4-9 所示为火花塞安装位置。

备选答案：A. 低压电　　　B. 高压电　　　C. 电火花

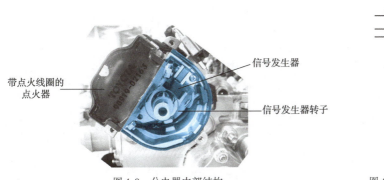

图 4-8　分电器内部结构

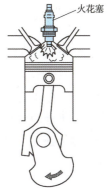

图 4-9　火花塞安装位置

 2. 怎样使用火花塞套筒？

专用工具火花塞套筒的使用方法如图 4-10 所示。

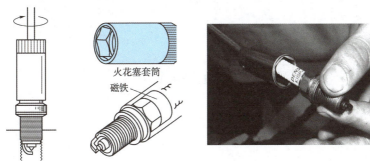

图 4-10　火花塞套筒的使用

 小提示

不要使用蛮力拧松或拧紧火花塞，特别是在安装时，必须按标准的力矩拧紧。另外，在拆卸火花塞时谨防取出的火花塞烫手，可先准备干毛巾将其包裹取出。

 小词典

专用工具：是指拆装和维修时，在特定的位置，避免在使用一般工具时可能毁坏零件或花费较长时间而专门制作的工具。

二、计划与实施

 3. 叙述拆卸分电器和火花塞应注意哪些问题。

1）了解以下信息
（1）使用的工具有：_____。

(2)实训的车型:_____。

2)拆卸的注意事项

(1)采取预防措施,防止异物,如砂砾、灰尘进入零部件内。

(2)防止零件的接合端面被擦伤,如不当的敲击和放置等。

(3)注意每个零件的安装位置和方向。

(4)拆卸下来的零件要合理摆放。

(5)工具的使用要合理、规范。

(6)注意拆装时的人身安全。

3)准备工作

(1)工具准备:工具车、工具箱、火花塞套筒等。

(2)材料准备:与该车型相符的新分电器总成、火花塞等。

(3)尽量让发动机处于冷态时进行该项操作。

(4)清洁发动机周围的污物。

 4. 阅读维修手册,参考图4-11,小组讨论拆卸分电器的主要步骤。

请按照教师的要求,制订分电器和火花塞的拆卸计划,并将表4-1中分电器和火花塞的拆卸步骤进行正确排序。

分电器和火花塞的拆卸步骤　　　　　　　　　　　　　　　　　表4-1

序号	拆卸步骤
	从分电器盖上卸下高压线
	卸下分电器总成
	拆下分电器导线接头
	从火花塞上橡胶衬套处卸下高压线
	取下分电器外壳组件上的O形圈

分电器零部件分解如图4-11所示。

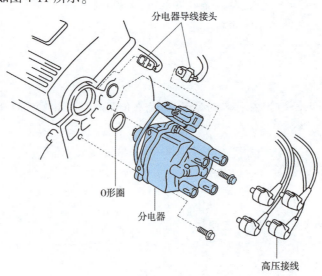

图4-11　分电器零部件分解图

1) 主要拆卸步骤

(1) 从分电器盖上卸下高压线。拆下分电器导线接头,卸下分电器总成。

(2) 用专用工具(火花塞套筒)卸下4个火花塞。

2) 具体的拆卸步骤和要求

小提示

在发动机舱中进行工作时,必须考虑到风扇可能自行打开而有受伤危险。

务必先把冷却风扇插接件、熔断器或继电器其中一样拔除再进行上述操作。

(1) 从火花塞的橡胶衬套处卸开高压线,注意不要拉拽或弯折高压线,如图4-12所示。

小组评价:

在拆卸高压线时,有没有使用正确的方法? □ 有　　　　□ 没有

(2) 用螺丝刀撬起锁销并卸开分电器盖的夹子,从分电器盖的橡胶密封圈处卸下高压线,如图4-13所示。

(3) 拆下分电器导线接头,拆下2个安装螺栓,卸下分电器总成,如图4-14所示。取下分电器外壳组件上的O形圈。

(4) 在卸下分缸高压线之后,用火花塞套筒卸下4个火花塞,如图4-15所示。

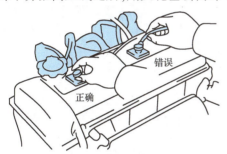

图4-12　从火花塞上拆卸高压线

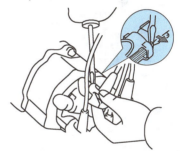

图4-13　从分电器盖上拆卸高压线

图4-14　拆下分电器总成

图4-15　用火花塞套筒拆卸火花塞

小组评价:

在拆卸火花塞时,是否正确使用火花塞套筒工具? □是　　　　□否

5. 写出拆解零件的名称与作用。

拆解零件的名称与作用:

学习拓展

（1）火花塞。

图4-16所示为火花塞的结构示意图。它由绝缘体和金属壳体两大部分组成：金属壳体带有螺纹，用于拧入汽缸；在壳体内装有绝缘体，它里面贯通着一根中心电极、中心电极上端有接线螺母，连接从分电器过来的高压导线；在壳体的下端面焊有搭铁电极。

如图4-17所示，火花塞中心电极与搭铁电极之间的间隙一般为_____mm。

不同发动机上的温度会不一样，要求火花塞的散热效果也不一样，设计者就利用绝缘体裙部的长度来解决这个问题。有些裙部短，受热面积小，散热快，因此，裙部温度低些，称为冷型火花塞，适用于高速高压缩比的大功率发动机；有些裙部细长，受热面积大，散热慢，因此，裙部温度高些，称为热型火花塞，适用于中低速低压缩比的小功率发动机。

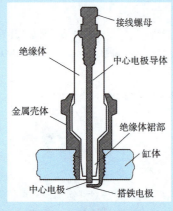

图4-16 火花塞的结构示意图

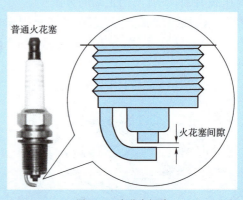

图4-17 火花塞间隙

（2）高压线。

高压线的全称叫高压阻尼线，作用是将_____发出的高压电输送给_____。高压线外观如图4-18所示。

（3）点火系统工作过程。

查阅资料，在图4-19中将蓄电池、点火开关、断电器、点火线圈初级绕组、点火线圈次级绕组、配电器、火花塞、电容器等元件名称填入对应的空格处，并简述点火系统的工作过程。

图4-18 高压线外观图

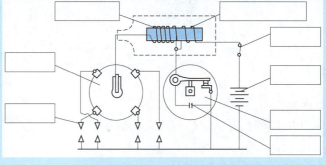

图4-19 点火系统工作过程

小提示

火花塞使用一定行驶里程后不可避免地存在损耗而影响点火性能，所以必须定期进行更换。

普通型:10000~60000km。

白金或铱金电极型:100000~240000km。

火花塞的更换里程随车型、发动机特性、使用地区不同而变化。

 6. 小组阅读并讨论维修手册,确定装配的基本顺序,讨论装配步骤。

1)装配时注意事项

(1)采取预防措施,防止异物,如砂砾、灰尘进入零部件内。

(2)防止零件工作表面被擦伤,如不当的敲击和放置等。

(3)在安装前要清洁零件表面。

(4)注意每个零件的安装位置和方向。

(5)工具的使用要合理、规范。

(6)注意拆装的安全。

2)分电器和火花塞的主要装配步骤

(1)用专用工具(火花塞套筒)安装4个火花塞。

(2)安装分电器总成,连接分电器导线接头,从分电器盖上安装高压线。

(3)安装后点火系统工作状况的车上检查。

3)具体装配计划

(1)用专用工具(火花塞套筒)安装4个火花塞。

①火花塞电极间隙的检查:安装火花塞前先对新火花塞进行间隙检查,电极间隙应为0.8mm。电极间隙调节如图4-20所示。

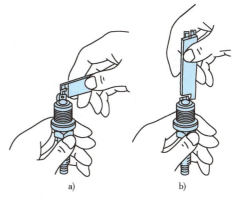

图4-20 调节火花塞电极间隙

 小提示

如火花塞间隙不符合标准要求,则需进行相应调整或更换。

小组评价:

在更换新火花塞时,有没有对火花塞的间隙进行检查? □有　　　　□没有

②用专用工具16mm火花塞套筒安装4个新火花塞,火花塞安装拧紧力矩为18N·m,如图4-21所示。

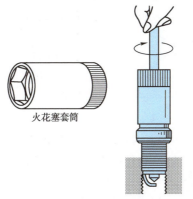

图4-21 火花塞的安装

> 小提示

推荐的火花塞型号为对应车型的火花塞,例如,丰田5A发动机火花塞为DENSO:K20R-U。

(2)安装分电器总成;连接分电器导线接头;在分电器盖上安装高压线。
①顺时针转动曲轴,使进气凸轮轴的缝隙处于如图4-22所示位置,将1缸设置为压缩行程上止点。
为什么要将1缸设置为压缩行程上止点再进行安装分电器?不设置会出现什么问题?

小组评价:
在安装分电器前,有没有将1缸设置为压缩行程上止点? □有　　　□没有
②将新的O形圈装在分电器外壳组件上。在O形圈上涂上薄薄一层发动机机油,如图4-23所示。

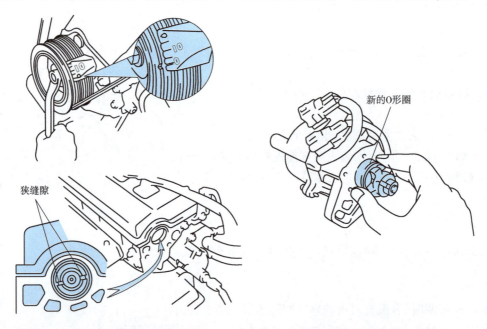

图4-22　1缸压缩上止点记号　　　图4-23　安装新的O形圈

在装上分电器时为什么要换用新的O形圈,并涂薄薄一层机油?如果仍使用旧的O形圈会出现什么问题?

小组评价:
在装分电器时有没有更换新的O形圈?有没有在新更换的O形圈上涂一层机油? □有　　　□没有
③将连接器的切口部分与外壳的凸起部分对准。使凸缘中心与汽缸盖上的螺栓孔中心对准后,再插入分电器总成,如图4-24所示。最后,拧紧2个安装螺栓,拧紧力矩为20N·m。
④将插座和O形圈部分与分电器盖相连接,重新连接高压线和分电器盖,如图4-25所示。

图 4-24 安装分电器总成

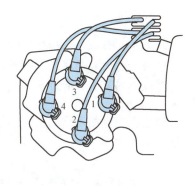

图 4-25 连接高压线和分电器盖

 小提示

检查插座是否与 O 形圈和分电器盖正确安装,如图 4-26 所示。
安装完毕后轻轻地拉动夹子以便检查插座上的锁销是否咬合,如图 4-27 所示。

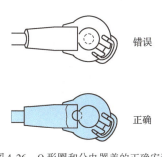

图 4-26 O 形圈和分电器盖的正确安装

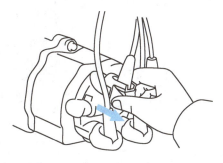

图 4-27 检查分电器盖的安装

⑤按分电器盖上的发动机工作顺序对应汽缸位置重新连接高压线和火花塞,如图 4-28 所示,并用夹子牢固固定高压线。

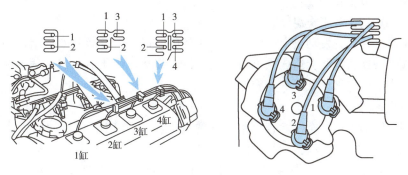

图 4-28 从分电器盖连接高压线到火花塞

小组评价:
请检查高压线与分电器盖及火花塞的安装位置是否正确。_____。

如果安装位置不正确,请写明错误位置。_____。

小词典

发动机工作顺序:多缸发动机在同一时刻各缸内工作行程的内容不同。为了满足运转均匀性要求,各缸做功行程顺序的排列,一般由多缸机的平衡性和各缸机械负荷、热负荷的均匀性来确定。如直列四缸四行程发动机的工作顺序一般为 1 缸→3 缸→4 缸→2 缸;也有部分采用 1 缸→2 缸→4 缸→3 缸。

请根据发动机工作时分电器轴旋转的方向和如图 4-28 所示的分电器盖的汽缸位置,写出该车型的发动机工作顺序:_____→_____→_____→_____。

7. 装配结束后需要对点火的情况进行检查,以保证装配的质量。

安装后点火系统工作状况的车上检验:

(1)火花试验。从其中一个汽缸的火花塞上卸开高压线,将一旧火花塞安装到此高压线上,将火花塞搭铁,当发动机起动时,应有火花产生,如图 4-29 所示。

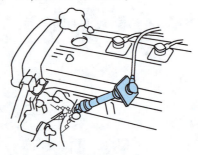

图 4-29 火花试验

小提示

为了防止在做试验时汽油从喷油器中喷出,起动发动机的时间不要超过 2s。

(2)点火正时的检查与调节。

点火正时的检查与调节步骤如下:

①预热发动机使其达到正常工作温度。

②将转速表和正时灯连接到发动机上。将转速表连接在检查用连接器 IG(-)端子上,如图 4-30 所示。严禁转速表的端子搭铁,否则,会造成点火器或点火线圈损坏。由于有些转速表与此点火系统不相容,因此,在使用转速表前应先确认装置的相容性。

③检查并调节点火正时。

第一步:用专用维修工具 SST 连接检查用连接器的端子 TE1 和 E1。在发动机转速保持在 1000 ~ 1500r/min 范围内达 5s 后,再检查发动机回到怠速的情况。

第二步:用正时灯检查点火正时,如图 4-31 所示。怠速时点火正时应为上止点前 10°(变速器处于空挡)。

第三步:如果需要调节时,则松开 2 个固定螺栓,并通过转动分电器来调节,如图 4-32 所示。

第四步:拧紧 2 个固定螺栓,拧紧力矩为 20N·m,再次检查点火正时。

第五步:从检查用连接器上取下专用的维修工具。

④进一步检查点火正时,转速变化时点火正时应在上止点前7°~17°范围内移动(变速器处于空挡)。
⑤将转速表和正时灯从发动机上卸下。

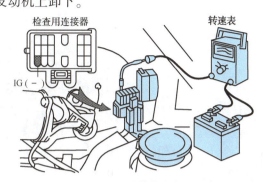

图4-30 连接转速表

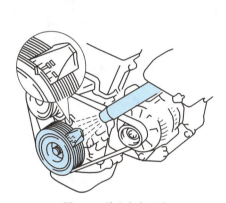

图4-31 检查点火正时

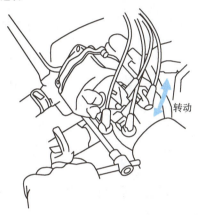

图4-32 调整点火正时

按实际操作情况填写表4-2并作出判断。

点火正时的检查调节表 表4-2

初次检测角度为(°)	是否需要调节(是/否)	调节后的检测结果是(°)

学习拓展

(1)点火正时。

为了使发动机输出最大的功率和减少排气污染,汽缸内的混合气必须在最佳时刻进行点火。而电火花点燃可燃混合气后,火焰需要一定时间才能扩散至整个燃烧室。如果点火发生在活塞恰好到达上止点的位置,则混合气燃烧时,活塞也开始下移而使汽缸容积_____(增大/减小)。此时燃烧压力较_____(高/低),发动机功率减小。但如果点火过早,则活塞还处于向上止点移动的过程中,汽缸内的气体压力已达到很大数值,这时气体压力作用的方向与活塞运动方向_____(相同/相反),会使有效功_____(增大/减小),发动机功率将_____(增大/减小)。因此,要求在活塞处于压缩行程,但尚未到达上止点以前的某一时刻点火,使混合气充分燃烧,产生最大爆发力,正好全力推动活塞下行做功。这个时间上的配合就称作点火正时。

(2)点火提前角。

从某缸火花塞跳火到该缸活塞运动到压缩行程上止点曲轴转过的角度称为点火提前角。能够实现发动机输出功率最大,排放符合标准的点火提前角就称为最佳点火提前角。

三、评价反馈

1. 学习自测题

(1) 点火系统的主要功能有（　　）。
   A. 产生火花　　　　　　　　　　B. 控制点火正时
   C. 分配火花　　　　　　　　　　D. 为用电设备供电

(2) 普通电子控制点火系统由（　　）控制点火线圈的通断。
   A. ECU　　　　B. 点火控制器　　　　C. 分电器　　　　D. 转速信号

(3) 电子点火系统主要由（　　）、（　　）和（　　）组成。
   A. 电子控制单元（ECU）　　　　　B. 点火执行器
   C. 传感器　　　　　　　　　　　D. 分电器

(4) 分电器的功用是将（　　）中产生的（　　），按照发动机的工作顺序轮流分配到各汽缸的（　　）上,点燃可燃混合气的。
   A. 火花塞　　　B. 点火线圈　　　C. 低压电　　　D. 高压电

(5) 冷型火花塞具有（　　）、（　　）、散热快等特点。
   A. 裙部细长　　　　　　　　　　B. 裙部短
   C. 受热面积大　　　　　　　　　D. 受热面积小

(6) 下列元件中,不属于点火系统的是（　　）。
   A. 喷油嘴　　　B. 点火开关　　　C. 点火线圈　　　D. 火花塞

(7) 火花塞点燃被压缩的空气燃油混合气,产生的高温、高压气体推动活塞向下运动,带动曲轴旋转并对外输出动力,这一过程发生在（　　）。
   A. 吸气行程　　B. 压缩行程　　　C. 做功行程　　　D. 排气行程

(8) 火花塞的功用是将（　　）引入燃烧室产生（　　）并点燃混合气。
   A. 高压电　　　B. 低压电　　　　C. 电火花　　　　D. 交流电

2. 学习目标达成度的自我检查（表 4-3）

自 我 检 查 表　　　　　　　　　　　　　　　　　　　　　　　　　　　　表 4-3

序号	学 习 目 标	达成情况（在相应的选项后打"√"）		
		能	不能	如果不能,是什么原因
1	叙述发动机点火系统的组成、作用及类型			
2	识别发动机点火系统的主要零部件并叙述其主要作用			
3	独立制订更换分电器和火花塞的计划			
4	规范更换分电器和火花塞			
5	对分电器和火花塞的安装质量进行自检			

3. 日常表现性评价（由小组长或者组内成员进行评价）

(1) 工作页填写情况。（　　　）
   A. 填写完整　　　　　　　　　　B. 缺失 0～20%
   C. 缺失 20%～40%　　　　　　　D. 缺失 40% 以上

(2)工作着装是否规范？（　　）
　　A. 穿着校服（工作服）、佩戴胸卡　　　　B. 校服或胸卡缺失一项
　　C. 偶尔会既不穿校服又不戴胸卡　　　　D. 始终未穿校服、未佩戴胸卡
(3)能否主动参与工作现场的清洁和整理工作？（　　）
　　A. 积极主动参与
　　B. 在组长的要求下能参与
　　C. 在组长的要求下能参与，但效果差
　　D. 不愿意参与
(4)起动发动机或操作发动机台架时，有无警示其他同学？（　　）
　　A. 有警示　　　　　　　　　　　　　　B. 无警示
(5)是否达到全勤？（　　）
　　A. 全勤　　　　　　　　　　　　　　　B. 缺勤0～20%（有请假）
　　C. 缺勤0～20%（旷课）　　　　　　　　D. 缺勤20%以上
(6)总体印象评价。（　　）
　　A. 非常优秀　　　　B. 比较优秀　　　　C. 有待改进　　　　D. 急需改进
(7)其他建议：

小组长签名：_____　　　　　　　　　_____年_____月_____日

4. 教师总体评价
(1)对该同学所在小组整体印象评价。（　　）
　　A. 组长负责，组内学习气氛好
　　B. 组长能组织组员按要求完成学习任务，个别组员不能达成学习目标
　　C. 组内有30%以上的学员不能达成学习目标
　　D. 组内大部分学员不能达成学习目标
(2)对该同学整体印象评价：

教师签名：_____　　　　　　　　　　_____年_____月_____日

学习任务5 凸轮轴、气门和气门油封的更换

学习目标

完成本学习任务后,你应当能:
1. 叙述配气机构的组成、作用和工作原理;
2. 了解配气相位和可变气门正时的概念;
3. 识别发动机配气机构的主要零配件并叙述其主要作用;
4. 独立制订凸轮轴、汽缸盖、气门和气门油封的更换计划;
5. 规范更换凸轮轴、汽缸盖、气门和气门油封;
6. 对凸轮轴、汽缸盖、气门和气门油封的安装质量进行自检。

建议完成本学习任务为 18 学时

学时分配:学习准备 3 学时;计划与实施 10 学时;学习拓展 3 学时;评价反馈 2 学时。

内容结构

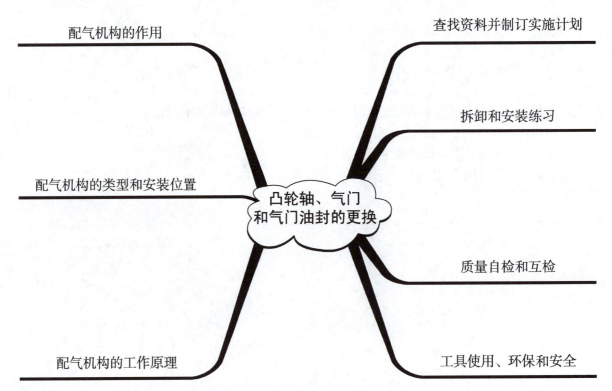

 学习任务描述

某车辆出现了异常情况,经诊断配气机构已经损坏,需要更换凸轮轴、气门、气门油封。请你按照技

学习任务5 凸轮轴、气门和气门油封的更换

术规范,正确地进行凸轮轴、气门、气门油封的更换,安装后使其能正常工作。

凸轮轴、气门和气门油封的更换是维修企业进行发动机维修时的项目。凸轮轴、气门和气门油封装配的质量对发动机的动力性和经济性都有很大的影响。通过发动机配气机构的学习,掌握配气机构的组成、作用和简要的工作原理。请你按更换凸轮轴、气门和气门油封的操作规程制订更换计划,更换安装后对安装质量进行自检。

一、学习准备

 1. 配气机构的组成、作用及零部件安装位置如何?

1)配气机构的位置

配气机构在发动机上的安装位置,如图5-1所示。

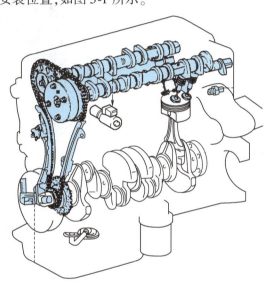

图5-1 配气机构在发动机上的位置

2)配气机构的组成

配气机构可以分为气门组和气门传动组,如图5-2所示。

气门组包括气门、气门弹簧、气门锁片、气门弹簧座、气门导管、气门油封等。

气门传动组包括正时皮带(正时链)、曲轴正时皮带轮(曲轴正时链轮)、凸轮轴正时皮带轮(凸轮轴正时链轮)、凸轮轴、挺柱、填隙片等。

按照图5-2所示的配气机构组成填写零件名称:

1_____;2_____;3_____;4_____;
5_____;6_____;7_____。

3)配气机构的作用

配气机构的主要作用是按照汽缸的工作顺序和工作过程的要求,准时地开闭进、排气门,向汽缸供给_____(汽油机)或_____(柴油机)并及时排出废气。另外,当进、排气门关闭时,保证汽缸密封,如图5-3所示。

备选答案:A. 空气　　B. 可燃混合气　　C. 新鲜空气

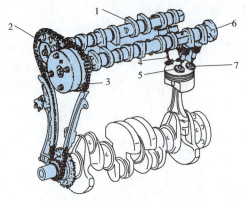

图 5-2 配气机构的组成

图 5-3 配气机构的作用

二、计划与实施

(一)制订拆卸计划并实施

  2. 拆卸配气机构需要注意哪些问题？

1) 了解以下信息
(1) 使用的工具：_____。
(2) 实训的车型：_____。
2) 拆卸的注意事项
(1) 采取预防措施：防止进入异物，如砂砾、灰尘。
(2) 防止零件工作表面被擦伤，如不当的敲击和放置等。
(3) 注意每个零件的安装位置和摆放方向。
(4) 拆卸下来的零件要合理地进行摆放。
(5) 工具的使用要合理、规范。
(6) 注意拆装的安全。

  学习思考

(1) 拆装配气机构前我们已经拆装了哪些零部件？请概述。

(2) 拆装配气机构前一步我们已经拆卸的零件是什么？

  3. 查阅维修手册，小组讨论配气机构拆装的步骤及方法。

1) 主要的拆卸步骤
通过观察实车、查阅维修手册或工作页，小组讨论并制订拆卸配气机构的主要步骤及方法，并将表 5-1 中配气机构的主要步骤进行正确排序。

学习任务5 凸轮轴、气门和气门油封的更换

配气机构的拆卸步骤   表 5-1

序号	拆 卸 步 骤
	拆卸进气凸轮轴
	卸下曲轴皮带轮
	拆卸排气凸轮轴
	卸下正时皮带
	拆卸气门、气门油封
	拆下汽缸盖
	卸下正时皮带罩
	转动曲轴皮带轮,将正时标记对准

图 5-4 所示为正时齿形带零部件分解图,图 5-5 所示为配气机构分解图。

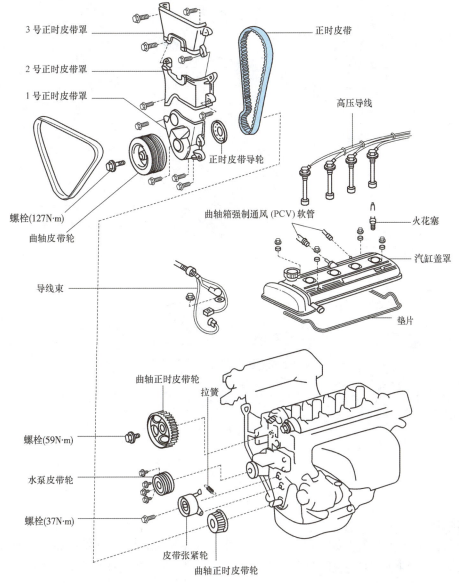

图 5-4 正时皮带及相关零部件分解图

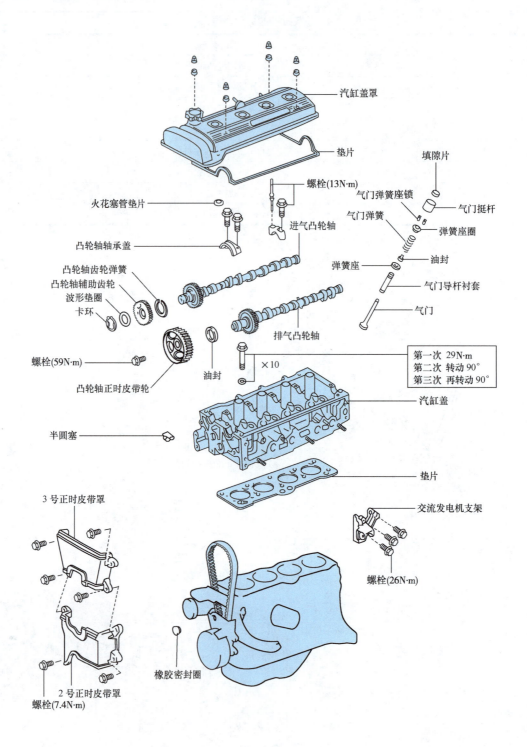

图 5-5 配气机构及相关部件分解图

2）具体拆卸步骤

（1）转动曲轴皮带轮，将其凹槽对准 1 号正时皮带罩的正时标记"0"，检查凸轮轴正时皮带轮的"K"标记是否与 2 号凸轮轴轴承盖的正时标记对准。如果未对准，则应转动曲轴一周（360°），将 1 缸设置为压缩行程上止点，如图 5-6 所示。

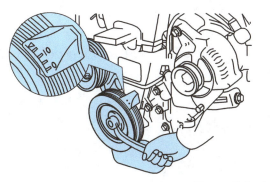 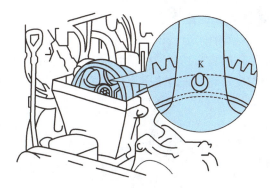

图 5-6　找出 1 缸压缩行程上止点

学习思考

正时标记"0"和正时带轮的"K"标记和 1 缸压缩行程上止点有什么关系？

（2）使用专用维修工具 SST 卸下曲轴皮带轮螺栓，如图 5-7 所示。

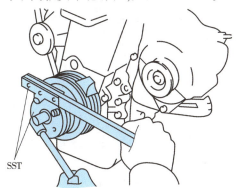

图 5-7　拆卸曲轴皮带轮螺栓

学习思考

SST 是什么工具？

使用专用维修工具 SST 拆下曲轴皮带轮，如图 5-8 所示。

（3）卸下 9 个螺栓与正时皮带罩，如图 5-9 所示。

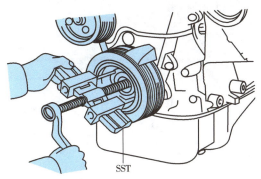 

图 5-8　拆卸曲轴正时皮带轮　　　　图 5-9　卸下 9 个螺栓与正时皮带罩

(4)卸下正时皮带导轮,松开曲轴正时皮带轮和张紧轮安装螺栓,尽可能地将该曲轴正时皮带轮向左推,然后暂时固定住,取下正时皮带,如图5-10所示。

如果正时皮带还要使用,则应在正时皮带上画一个表示方向的箭头(表示发动机转动方向),然后在曲轴正时皮带轮和正时皮带上作匹配标记,如图5-11所示。

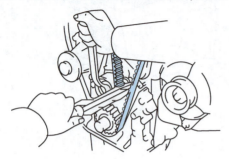 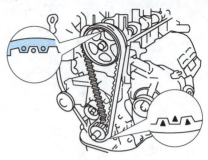

图5-10 拆卸正时皮带　　　　图5-11 在皮带轮和正时皮带上作匹配标记

 学习思考

"在正时皮带上画一个表示方向的箭头"和"发动机转动方向"之间有什么联系?为什么要作记号?

 小提示

正时皮带拆卸时注意:不要弯曲、扭转外翻正时皮带;不要让正时皮带接触机油、水或蒸气;在拆装凸轮轴正时皮带轮的安装螺栓时,禁止利用正时皮带的张力。

(5)拆下螺栓,卸下正时皮带张紧轮与拉簧。

(6)卸下曲轴正时皮带轮。如果不能用手取下正时皮带轮,则可用2个螺丝刀按图5-12所示卸下正时皮带轮。

 小提示

操作时应垫放抹布以防止损坏零件。

(7)拆卸进气凸轮轴。

①转动凸轮轴,使辅助齿轮上的孔(它使辅助齿轮啮合驱动齿轮)转到上面,如图5-13所示。此时允许1缸、3缸进气凸轮轴的凸轮桃尖均衡地推动它们的挺杆。

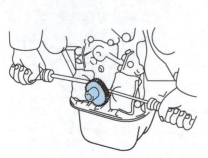 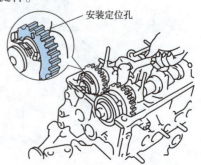

图5-12 拆卸曲轴正时皮带轮　　　　图5-13 进气凸轮轴安装定位孔

小提示

由于凸轮轴的轴向间隙很小,在拆卸凸轮轴时必须将其保持水平状态,如果凸轮轴不能保持水平状态,则汽缸盖承受轴向推力的部分就可能开裂或损坏,造成凸轮轴卡死或断裂。

②卸下2个螺栓与1号凸轮轴轴承盖,如图5-14所示。

③用1个维修用螺栓(M6×1,长度16~20)使进气凸轮轴的辅助齿轮靠到驱动齿轮上,如图5-15所示。在拆卸凸轮轴时,要确保消除辅助齿轮的扭转弹簧弹力。

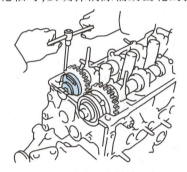

图5-14 拆卸凸轮轴轴承盖

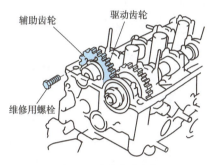

图5-15 安装辅助齿轮

 学习思考

为什么这里需要安装维修用螺栓?不装维修用螺栓会带来什么不良后果?

④按图5-16所示数字顺序,均匀地分几次拧松并卸下8个凸轮轴轴承盖螺栓。

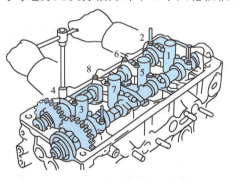

图5-16 进气凸轮轴轴承盖螺栓拧松顺序

 学习思考

叙述不按顺序拆卸螺栓对力学性能的影响。

⑤卸下4个凸轮轴轴承盖和凸轮轴。若凸轮轴不能平直地提起,则用2个螺栓重新安装凸轮轴轴承盖。然后提起凸轮轴齿轮并交替松开和拆下凸轮轴轴承盖螺栓,如图5-17所示。

(8)拆卸排气凸轮轴。

①放置排气凸轮轴,使其定位于凸轮轴纵轴稍偏逆时针一点的地方,如图5-18所示。这种角度允许排气凸轮轴的1缸和3缸凸轮桃尖均衡地推动它们的气门挺杆。

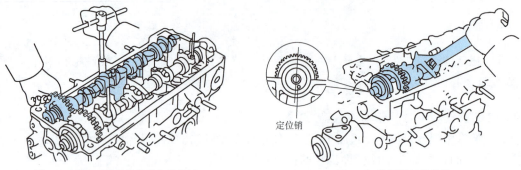

图 5-17　拆卸凸轮轴轴承盖和凸轮轴　　　　图 5-18　放置排气凸轮轴

②拆下 2 个固定螺栓、1 号凸轮轴轴承盖及油封,如图 5-19 所示。

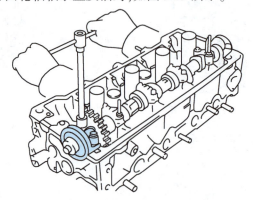

图 5-19　拆卸凸轮轴轴承盖

 小提示

如果 1 号凸轮轴轴承盖不能用手拆下,请勿用力去拆卸,就让它不带螺栓保留在那里。

③按图 5-20 所示的数字顺序,均匀地分几次松开并拆下 8 个凸轮轴轴承盖螺栓。

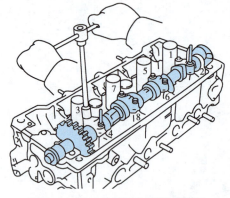

图 5-20　排气凸轮轴轴承盖螺栓的拆卸

④拆下 4 个凸轮轴轴承盖和凸轮轴。若凸轮轴不能平直提起,则用 2 个螺栓重新安装 3 号凸轮轴轴承盖,然后在提起凸轮轴齿轮的同时交替松开并拆下 2 个凸轮轴轴承盖螺栓。

(9)卸下半圆塞。

(10)拆下汽缸盖。用专用维修工具按图 5-21 所示的数字顺序,均匀地分几次拧松并卸下 10 个汽缸盖螺栓;取下 10 个平垫圈。

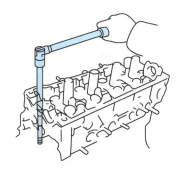 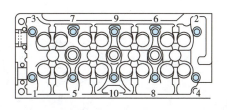

图 5-21 汽缸盖螺栓拧松顺序

将汽缸盖从汽缸体的定位销处提起并将汽缸盖放在工作台的木块上。如果汽缸盖难以提起,可用一字螺丝刀在汽缸盖和汽缸体凸台之间撬一下,如图 5-22 所示。

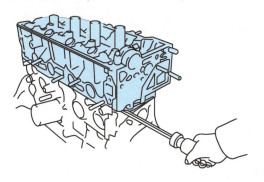

图 5-22 撬起汽缸盖

 小提示

不要损坏汽缸盖和汽缸体的接触表面。

(11)拆卸气门。

①拆下气门挺杆,并按正确的顺序放置气门挺杆。

②用专用维修工具 SST 压缩气门弹簧并卸下 2 个定位锁片,拆下弹簧座圈、气门弹簧,取下气门,如图 5-23 所示。

③用尖嘴钳取出油封,如图 5-24 所示。

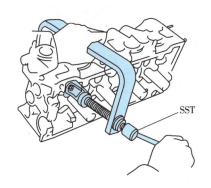 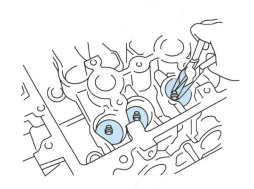

图 5-23 拆卸气门   图 5-24 取出油封

④用压缩空气和磁性棒,吹气卸下弹簧座,如图 5-25 所示。按正确的顺序放置好气门、气门弹簧、弹簧座和弹簧座圈。

图 5-25 卸下弹簧座

4. 写出拆卸零部件的名称和作用。

拆卸零部件的名称和作用:

学习拓展

（1）配气机构的分类。

配气机构有多种类型,一般根据以下三点进行区分:
①气门的数量和位置。
②凸轮轴的数量和位置。
③向气门传递运动的方式。
配气机构的名称一般由①②两点决定。下面列出了一些配气机构的类型。
①按每缸气门的数量可以分为：二气门和多气门,如图 5-26 所示。

a)二气门　　　　b)三气门　　　　c)四气门　　　　d)五气门

图 5-26　气门的数量

②按凸轮轴的数量分为：单凸轮轴和双凸轮轴,如图 5-27 所示。

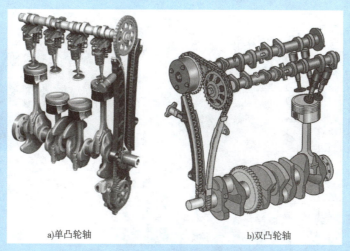

a) 单凸轮轴 b) 双凸轮轴

图 5-27　凸轮轴的数量

③ 按凸轮轴和曲轴的传动方式可以分为：齿轮传动、正时皮带传动和链传动，如图 5-28 所示。

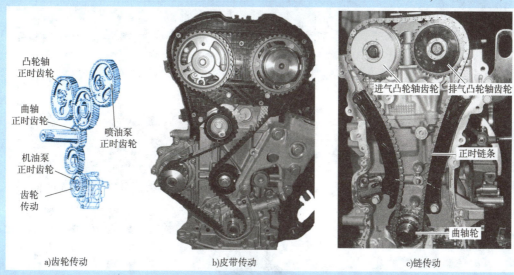

a) 齿轮传动　　　　　　　b) 皮带传动　　　　　　　c) 链传动

图 5-28　凸轮轴和曲轴的传动方式

（2）配气机构的组成与作用。

配气机构由气门组和气门传动组两部分组成。

① 气门组。

气门组包括气门、气门油封、气门导管、气门弹簧、气门锁片、气门弹簧座等，如图 5-29 所示。

a. 气门。气门（Valve）是发动机的一种重要部件，如图 5-30 所示。气门的作用是专门负责向发动机内输入空气并排出燃烧后的废气。

从发动机结构上，分为进气门（inlet valve）和排气门（exhaust valve）。进气门的作用是将空气吸入发动机内，与燃料混合燃烧；排气门的作用是将燃烧后的废气排出并散热。

b. 气门导管。气门导管用于确保使气门位于气门座的中心并通过气门杆将气门头处的热量传至汽缸盖。

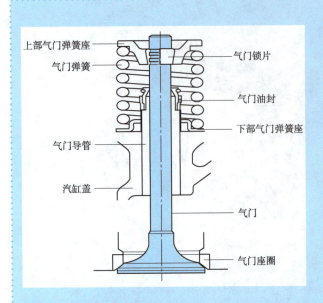

图5-29 气门组

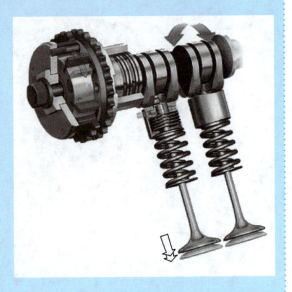

图5-30 气门

气门导管以压配合方式安装在汽缸盖内,如图5-31所示。气门导管不得伸入排气通道内,否则会因温度较高而导致导管变宽,燃烧残余物可能会进入气门导管内。

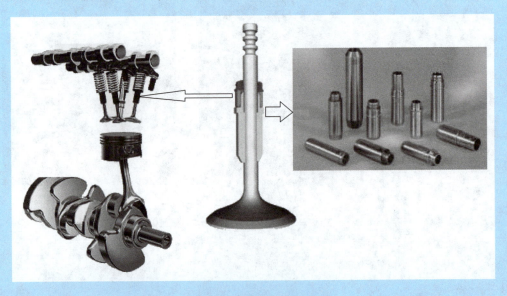

图5-31 气门导管及其安装位置

②气门传动组。

气门传动组包括凸轮轴、机械挺柱(液压挺柱)、填隙片正时皮带(正时链)、曲轴正时皮带轮(曲轴正时链轮)、凸轮轴正时皮带轮(凸轮轴正时链轮)等,如图5-32所示。

a. 凸轮轴。凸轮轴作用是开启和关闭进气门和排气门,如图5-33所示。凸轮轴由曲轴驱动。其转速与曲轴转速之比为1:2。即凸轮轴转速只有曲轴转速的一半。这可以通过正时皮带传动或链传动实现。凸轮轴相对于曲轴的位置也有明确规定。但最新的发动机已不再采用固定传动比方式,而是通过可变正时机构改变,例如:丰田VVT-i。

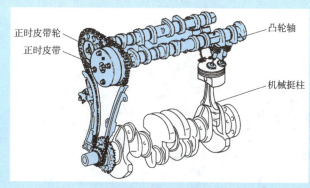

图5-32 气门传动组

图5-33 凸轮轴

b. 机械挺柱(液压挺柱)。机械挺柱的作用是将凸轮的推力传给气门杆(或推杆),并承受_____旋转时所施加的侧向力,如图5-34所示。

备选答案:A.气门　B.凸轮轴

c. 填隙片。填隙片的作用是调整气门间隙的大小,填隙片厚间隙大,填隙片薄间隙小,如图5-35所示。

图5-34 挺柱

图5-35 填隙片

d. 正时皮带。正时皮带在发动机中起到传动带的作用,在曲轴的带动下将力传递给凸轮轴,使之与凸轮轴同时旋转,以保证气门开闭与活塞往复运动的准时配合,确保发动机的正常运作,如图5-36所示。

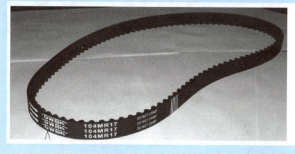

图5-36 正时皮带

 小词典

(1)配气相位:指进、排气门的开闭时刻和开启的持续时间,通常用曲轴的转角来表示,如图5-37所示。理论上,一个工作循环,曲轴旋转720°,进气、压缩、做功、排气各占180°,也就是说在进气行程中,活塞由上止点移至下止点时,进气门打开,排气门关闭;在排气行程中,活塞由下止点移至上止点时,进气门关闭,排气门打开,延续时间都是曲轴转角180°。但实际表明,简单配气相位对实际工作是很不适应的,它不能满足发动机对进、排气的要求。为了增大汽缸内的进气量,进气门需要提前开启、延迟关闭;同样地,为了使汽缸内的废气排得更干净,排气门也需要提前开启、延迟关闭,这样才能保证发动机有效的运作。

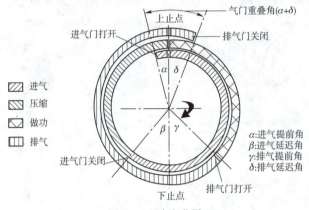

图5-37 配气相位图

(2)气门重叠角:由于进气门早开,排气门晚关,势必造成在同一时间内两个气门同时开启。把两个气门同时开启时间相当的曲轴转角称作气门重叠角,如图5-38所示。

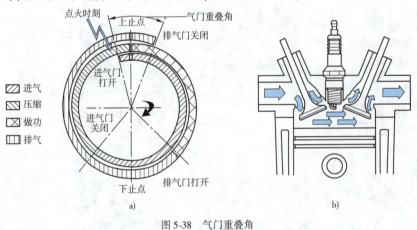

图5-38 气门重叠角

(3)气门间隙:是指气门完全关闭(凸轮的凸起部分不顶挺柱)时,气门挺柱和凸轮之间的间隙,如图5-39所示。主要的作用是给热膨胀留有余地。如果气门间隙过大,它导致发动机发生异常噪声等现象;如果气门间隙过小,它导致气门关闭不严等现象。

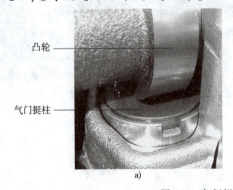 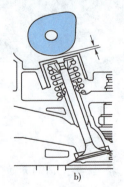

图5-39 气门间隙

(二)制订装配计划并实施

 5. 装配配气机构应注意哪些事项?

装配时注意事项:
(1)采取预防措施:防止异物,如砂砾、灰尘进入零部件内。
(2)防止零件工作表面被擦伤,如不当的敲击和放置等。
(3)在安装前要清洁洗刷零件。
(4)注意每个零件的安装位置和方向。
(5)非重复使用的零件不能重复使用。
(6)工具的使用要合理、规范。
(7)注意拆装的安全和现场管理。

 6. 小组讨论主要装配计划。

1)制订装配计划
(1)汽缸盖重新组装前要彻底清洗所有待装配的零件。
(2)安装气门。
(3)安装气门挺杆和填隙片。
(4)安装汽缸盖。
(5)安装排气凸轮轴。
(6)安装进气凸轮轴。
(7)安装凸轮轴正时皮带轮。
(8)安装正时皮带。
(9)检查配气正时标记。
(10)检查正时皮带挠度。
(11)安装正时皮带罩。
(12)安装半圆塞。
(13)安装汽缸盖罩。

2)具体装配计划与实施
(1)汽缸盖重新组装前要彻底清洗所有待装配的零件。零件在装配之前,要将新的发动机机油涂在所有滑动和转动的表面上,并将所有垫片和油封都换成新的。
(2)安装气门。
①使用专用维修工具推入新油封,如图5-40所示。注意:进气门油封是灰色的,排气门油封是黑色的,如图5-41所示。
②安装气门、弹簧座、气门弹簧和弹簧座圈,如图5-42所示。
③使用专用维修工具压缩气门弹簧,并将2个锁片放置在气门杆周围,如图5-43所示。
④用橡胶贴面的锤子,轻轻敲击气门杆顶端,以保证配合完好,如图5-44所示。
(3)安装气门挺杆和填隙片。用手检查气门挺杆,气门挺杆应转动自如。

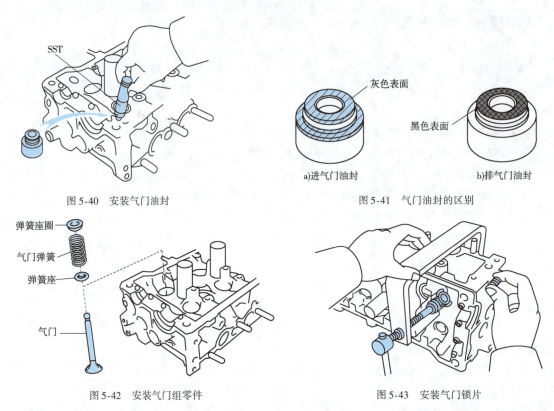

图 5-40 安装气门油封

图 5-41 气门油封的区别

图 5-42 安装气门组零件

图 5-43 安装气门锁片

(4) 安装汽缸盖。

① 把新的汽缸盖衬垫放到汽缸体上,注意汽缸盖安装的方向,如图 5-45 所示。然后将汽缸盖放在汽缸盖衬垫上。

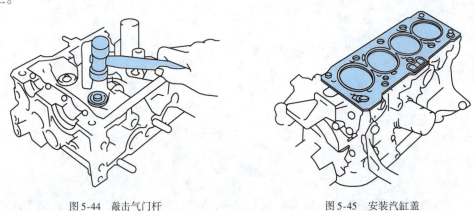

图 5-44 敲击气门杆

图 5-45 安装汽缸盖

学习思考

汽缸盖衬垫上有很多小孔,可以分为哪些类别?通常在发动机大修中汽缸盖衬垫不可以重复使用,为什么?

② 在汽缸盖螺栓头部下面的螺纹处涂上薄薄一层发动机油,用专用维修工具按图 5-46a) 所示的数字顺序安装并分几次均匀地拧紧 10 个汽缸盖螺栓,拧紧力矩为 29N·m。如有汽缸盖螺栓不符合力矩要求,则应予以更换。

学习任务5　凸轮轴、气门和气门油封的更换

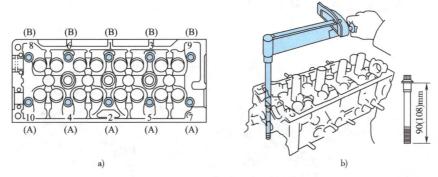

图5-46　汽缸盖螺栓拧紧顺序

 小提示

汽缸盖螺栓的长度有90mm和108mm两种,如图5-46b)所示。在进气歧管侧安装长度90mm的汽缸盖螺栓,在排气歧管侧安装长度108mm的汽缸盖螺栓。

在汽缸盖螺栓头的前面用油漆做上记号,按图5-46所示数字的顺序,将汽缸盖螺栓再拧紧90°,检查油漆记号,是否转动了180°,如图5-47所示。

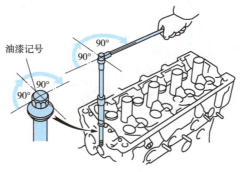

图5-47　拧紧汽缸盖螺栓

学习思考

汽缸盖螺栓分几次拧紧的原因是什么？

(5)安装排气凸轮轴。在凸轮轴止推部位涂上多用途润滑脂,放置排气凸轮轴,使定位销处于离凸轮轴垂直轴线稍稍偏逆时针一定角度的位置上,如图5-48所示。

去除所有旧的填料(FIPG),并将新的密封填料涂到凸轮轴轴承盖上,如图5-49所示。

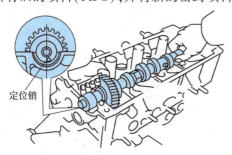

图5-48　安装排气凸轮轴

图5-49　去除凸轮轴轴承盖密封填料

然后将5个凸轮轴轴承盖安装在恰当位置上,如图5-50所示。

在凸轮轴轴承盖螺栓头下面和螺纹处涂上薄薄一层的发动机机油。按图5-51所示的数字顺序分几次均匀地拧紧10个凸轮轴轴承盖螺栓,拧紧力矩为13N·m。

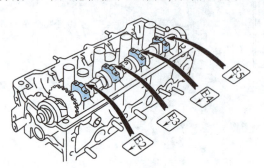

图5-50 安装凸轮轴轴承盖

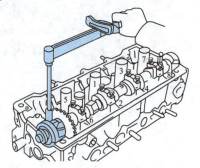

图5-51 拧紧凸轮轴轴承盖螺栓

 学习思考

按顺序分几次均匀地拧紧凸轮轴轴承螺栓,不按此规定操作可能会带来什么不良后果?

将多用途润滑脂涂在新油封边缘上。用专用维修工具轻轻地敲入油封,如图5-52所示。

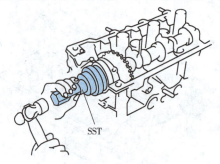

图5-52 敲入油封

 小提示

装油封时,其边缘的朝向不要弄错,并要将油封插入至汽缸盖的最深处。

(6)安装进气凸轮轴。

①放置进气凸轮轴,使定位销略高于汽缸盖的顶面,如图5-53所示。在凸轮轴的止推部分涂多用途润滑脂。匹配每个齿轮上的安装标记,使进气凸轮轴齿轮与排气凸轮轴齿轮啮合。

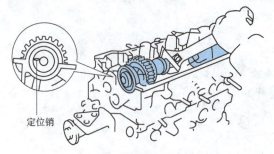

图5-53 放置进气凸轮轴

小提示

注意每个齿轮上还有正时标记(用于TDC),如图5-54所示。不要将这些标记搞乱。

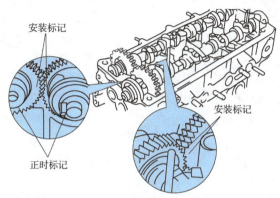

图5-54 安装标记和正时标记

②在齿轮互相啮合的情况下,使进气凸轮轴落到轴承轴颈上。将4个凸轮轴轴承盖安装在图5-55所示的恰当位置上。在凸轮轴轴承盖螺栓头下面和螺纹上涂上薄薄的一层动机机油。按图5-56所示的数字顺序安装并分几次均匀地拧紧8个凸轮轴轴承盖螺栓,其拧紧力矩为13N·m。拆下维修用螺栓。

 小提示

维修用螺栓不能留在上面。

③让箭头标记朝前,安装1号凸轮轴轴承盖,如图5-57所示。若1号凸轮轴轴承盖不能很好地配合,撬动分开汽缸盖与凸轮轴齿轮,将凸轮轴齿轮向后推。

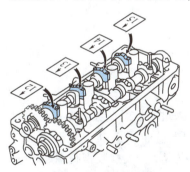 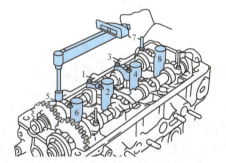 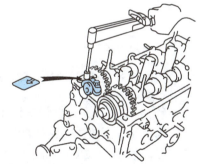

图5-55 安装凸轮轴轴承盖　　图5-56 进气凸轮轴轴承盖螺栓拧紧顺序　　图5-57 1号凸轮轴轴承盖安装方向

 小提示

撬动分开汽缸盖与凸轮轴齿轮时不能用力过大,否则会伤害零件本身。

④在凸轮轴轴承盖螺栓头下面和螺纹处涂上薄薄的一层发动机机油,安装并分几步交替拧紧2个螺栓,螺栓拧紧力矩为13N·m。

⑤顺时针转动进气凸轮轴,在定位销朝上的情况下固定凸轮轴,如图5-58所示。

检查凸轮轴齿轮的正时标记是否对准,如图5-59所示。

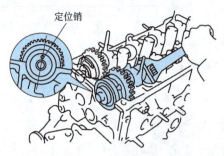
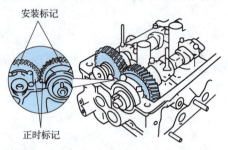

图 5-58　固定凸轮轴　　　　　图 5-59　检查对准正时标记

（7）安装凸轮轴正时皮带轮。使凸轮轴定位销与凸轮轴正时皮带轮带"K"标记一侧的定位销槽对准（带2个定位销槽），滑入到凸轮轴正时皮带轮上，安装凸轮轴正时皮带轮螺栓并按规定力矩拧紧，其拧紧力矩为59N·m，如图5-60所示。

（8）安装正时皮带。检查正时皮带上的匹配标记是否对准1号正时皮带罩端部，若匹配标记未对准，移动正时皮带轮的啮合部位直至对准，如图5-61所示。

对准正时皮带与凸轮轴正时带轮的匹配标记，如图5-62所示。擦净凸轮轴正时皮带轮上的油或水，使其保持清洁。安装正时皮带，检查曲轴正时皮带轮与凸轮轴正时皮带轮之间的张力。

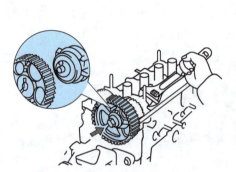

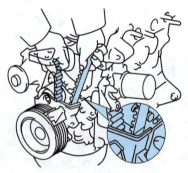

图 5-60　安装凸轮轴正时皮带轮螺栓　　　图 5-61　移动正时皮带　　　图 5-62　正时皮带匹配标记

学习思考

对准正时皮带与凸轮轴正时皮带轮的匹配标记有什么作用？

（9）检查配气正时标记。松开正时皮带张紧轮螺栓，缓慢顺时针方向转动曲轴2周，如图5-63所示。检查每个正时皮带轮是否对准正时标记，如图5-64所示。若正时标记未对准，则应拆下正时皮带重新安装。最后以37N·m的力矩拧紧正时皮带张紧轮螺栓，并给1号正时皮带罩安装橡胶密封圈。

图 5-63　松开正时皮带张紧轮螺栓　　　图 5-64　检查正时标记

学习任务5　凸轮轴、气门和气门油封的更换

（10）检查正时皮带挠度。在图 5-65 所示的位置上检查正时皮带的挠度，在 20N 力的作用下挠度为 5~6mm。若挠度不符合规定，则应重新调整正时皮带张紧轮。

（11）安装 2 号和 3 号正时皮带罩。用 6 个螺栓以 7.4N·m 的力矩安装 2 号和 3 号正时皮带罩，如图 5-66 所示。

（12）安装半圆塞。清除所有旧的填料（FIPG），给半圆塞涂密封填料，将半圆塞装在汽缸盖上。

（13）安装汽缸盖罩。清除旧填料（FIPG），将密封填料涂在汽缸盖上，如图 5-67 所示。将垫片装在汽缸盖罩上，用 4 个密封垫片与锁紧螺母固定汽缸盖罩，拧紧锁紧螺母拧紧力矩为 10.8N·m。

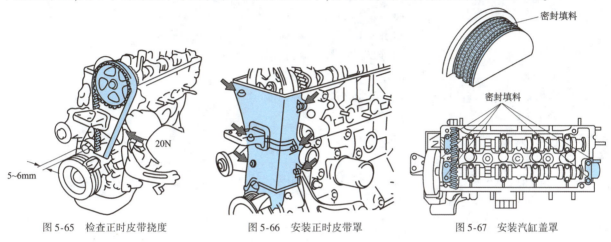

图 5-65　检查正时皮带挠度　　　图 5-66　安装正时皮带罩　　　图 5-67　安装汽缸盖罩

学习思考

旧密封填料必须清除吗？为什么？

学习拓展

丰田 VVT-i 可变气门正时系统

丰田的可变气门正时系统已广泛应用，主要的原理是在凸轮轴上加装一套液力机构，通过 ECU 的控制，在一定角度范围内对气门的开启、关闭时间进行调节，或提前、或延迟、或保持不变。

凸轮轴的正时齿轮的外转子与正时链条相连，内转子与凸轮轴相连，如图 5-68 所示。外转子可以通过液压油间接带动内转子，从而实现一定范围内的角度提前或延迟。

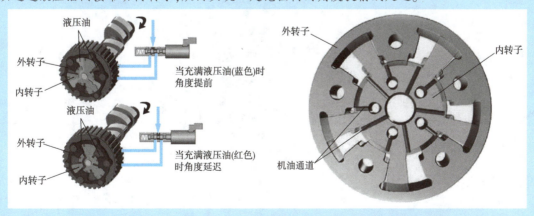

图 5-68　丰田 VVT-i 可变气门正时系统

三、评价反馈

1. 学习自测题

(1) 四冲程发动机转速为 2000r/min 时,则同一汽缸的进气门,在 1min 内开闭的次数应该是( )。
　　A. 4000 次　　　　　　B. 2000 次　　　　　　C. 1000 次　　　　　　D. 500 次

(2) 曲轴与凸轴的传动比是( )。
　　A. 1:1　　　　　　　B. 1:2　　　　　　　C. 2:1　　　　　　　D. 2:3

(3) 气门间隙过大,发动机工作时( )。
　　A. 气门早开　　　　B. 气门迟开　　　　C. 不影响气门开启时刻

(4) 在任何时候,发动机同一缸的进、排气门都不可能同时开启。( )
　　A. 正确　　　　　　B. 错误

(5) 一般进气门的气门间隙比排气门的间隙略小。( )
　　A. 正确　　　　　　B. 错误

(6) 正时齿轮装配时,必须使正时标记对准。( )
　　A. 正确　　　　　　B. 错误

(7) 发动机的点火顺序为 1 缸—4 缸—3 缸—2 缸,如果 3 缸在做功时 1 缸的工作情况为排气。( )
　　A. 正确　　　　　　B. 错误

(8) 什么是配气相位、可变气门正时?

(9) 配气机构在发动机中起到什么作用?

(10) 请你说出图 5-69 中配气体机构中各组件的名称。

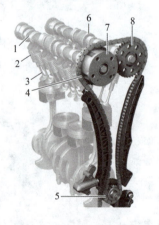

图 5-69　配气体机构部分组件

填写零件名称:
　　1 _____ ;2 _____ ;3 _____ ;4 _____ ;5 _____ ;
　　6 _____ ;7 _____ ;8 _____ 。

学习任务5　凸轮轴、气门和气门油封的更换

2. 学习目标达成度的自我检查(表5-2)

自 我 检 查 表　　　　　　　　　　　　　　　　　　　　　　　　表5-2

序号	学习目标	达成情况(在相应的选项后打"√")		
		能	不能	如果不能,是什么原因
1	叙述配气机构的组成、作用和工作原理			
2	了解配气相位和可变气门正时的概念			
3	识别发动机配气机构的主要零配件并叙述其主要作用			
4	识别发动机进排气系统的主要零配件并叙述其主要作用			
5	制定凸轮轴、汽缸盖、气门和气门油封拆装工艺方法			
6	拆装凸轮轴、汽缸盖、气门和气门油封			
7	对凸轮轴、汽缸盖、气门和气门油封的安装质量进行自检			

3. 日常表现性评价(由小组长或者组内成员进行评价)

(1)工作页填写情况。(　　)

　　A. 填写完整　　　　　　　　　　　　B. 缺失 0～20%

　　C. 缺失 20%～40%　　　　　　　　　D. 缺失 40%以上

(2)工作着装是否规范?(　　)

　　A. 穿着校服(工作服)、佩戴胸卡

　　B. 校服或胸卡缺失一项

　　C. 偶尔会既不穿校服又不戴胸卡

　　D. 始终未穿校服、未佩戴胸卡

(3)能否主动参与工作现场的清洁和整理工作?(　　)

　　A. 积极主动参与 5S 工作

　　B. 在组长的要求下能参与 5S 工作

　　C. 在组长的要求下能参与 5S 工作,但效果差

　　D. 不愿意参与 5S 工作

(4)升降汽车或起动发动机时,有无进行安全检查并警示其他同学?(　　)

　　A. 有安全检查和警示　　　B. 有安全检查无警示　　　C. 无安全检查,无警示

(5)是否达到全勤?(　　)

　　A. 全勤　　　　　　　　　　　　　　B. 缺勤 0～20%(有请假)

　　C. 缺勤 0～20%(旷课)　　　　　　　D. 缺勤 20%以上

(6)总体印象评价。(　　)

　　A. 非常优秀　　　B. 比较优秀　　　C. 有待改进　　　D. 急需改进

(7)其他建议:

小组长签名:＿＿＿＿＿＿＿＿　　　　　　　　　　＿＿＿＿年＿＿＿＿月＿＿＿＿日

4. 教师总体评价

(1) 对该同学所在小组整体印象评价。(　　)

　　A. 组长负责,组内学习气氛好

　　B. 组长能组织组员按要求完成学习任务,个别学员不能达成学习目标

　　C. 组内有 30% 以上的学员不能达成学习目标

　　D. 组内大部分学员不能达成学习目标

(2) 对该同学整体印象评价:

_____

_____

_____。

教师签名:_____　　　　　_____年_____月_____日

学习任务6　水泵和节温器的更换

学习目标

完成本学习任务后,你应当能:
1. 叙述发动机冷却系统的组成、作用和工作原理;
2. 识别发动机冷却系统的主要零配件并叙述其主要作用;
3. 独立制订更换水泵的计划;
4. 正确更换发动机水泵;
5. 对水泵的安装质量进行自检。

建议完成本学习任务为 8 学时
学时分配:学习准备 1 学时;计划与实施 4 学时;学习拓展 2 学时;评价反馈 1 学时。

内容结构

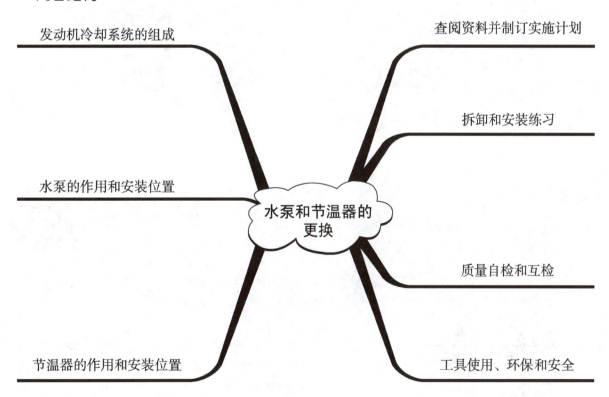

 学习任务描述

汽车发动机冷却系统出现了异常情况,经诊断,水泵和节温器已经损坏,需要更换。请你按照技术规范,正确更换发动机水泵和节温器,并使其正常工作。

水泵性能的好坏对发动机的冷却起到至关重要的作用,一经诊断水泵有故障,必须及时修理或更换。另外,节温器如果有问题,不但会增加发动机油耗,同时还会加剧发动机的磨损。通过水泵和节温器的更换,掌握发动机冷却系统的组成、作用及各组件的安装位置等,请你按更换水泵和节温器的操作规程制订更换水泵和节温器的计划,更换安装后对安装质量进行自检。

一、学习准备

1. 发动机冷却系统的安装位置、组成和作用?

1)发动机冷却系统的安装位置

发动机冷却系统在车上的位置如图 6-1 所示。

2)发动机冷却系统的作用

发动机冷却系统如图 6-2 所示,其主要功用是把受热零件吸收的部分热量及时散发出去,保证发动机在最适宜的温度状态下工作。

一般正常工作时冷却液的温度范围是_____ ~ _____℃。

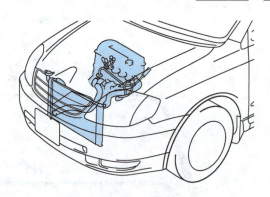

图 6-1　发动机冷却系统在车上的位置　　　　图 6-2　发动机冷却系统

 学习思考

汽车发动机冷却系统的类型有哪些?

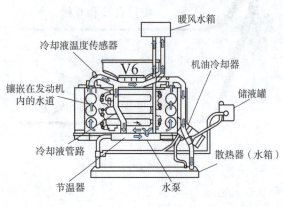

图 6-3　发动机冷却系统的组成

3)发动机冷却系统的组成

发动机冷却系统主要包括水泵、节温器、散热器、暖风水箱、风扇以及储液罐等,如图 6-3 所示。

(1)水泵。

水泵是冷却液不断循环的动力源,水泵的动力是靠曲轴的旋转运动通过传动带驱动的。水泵在发动机上的安装位置,如图 6-4 所示。

水泵的作用是对冷却液进行加压,使冷却液循环流动,保证发动机可靠冷却。汽车发动机广泛采用离心式水泵,其基本结构由水泵壳体、水泵轴、叶轮及进、出水管等组成。水泵的结构如图 6-5 所示。

图6-4　水泵在发动机上的安装位置

图6-5　水泵的结构

（2）节温器。

节温器是快速预热发动机并调节_____温度的部件。它位于散热器与发动机之间的通路中，能够控制_____的流动方向。节温器一般安装在发动机冷却系统的出水管路中，如图6-6所示。

备选答案：A.冷却液　　B.冷却系统　　C.发动机

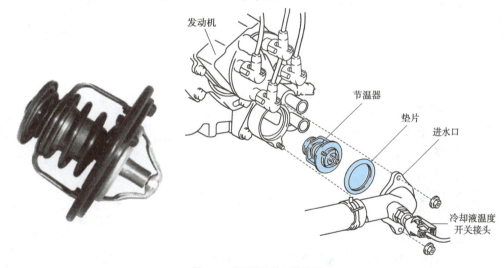

图6-6　节温器及其安装位置

 小提示

节温器是冷却系统中用来调节冷却温度的重要零件，它的工作是否正常，对发动机工作温度影响很大，间接地影响了发动机的动力性能和耗油量，因此，节温器不可随便拆除。

(3)散热器。

散热器俗称"水箱",安装在发动机前面,如图 6-7 所示。散热器的主要作用是增大散热面积,加速冷却液的冷却。为了将散热器传出的热量尽快带走,在散热器后面装有风扇与散热器配合散热。

图 6-7　散热器安装位置

二、计划与实施

2. 阅读维修手册,小组讨论并制订拆卸水泵和节温器的主要步骤及其拆卸方法。

1)了解以下信息
(1)使用的工具:_____。
(2)实训的车型:_____。
2)拆卸的注意事项
(1)采取预防措施:防止异物,如砂砾、灰尘进入零部件内。
(2)防止零件被擦伤接合端面,如不当的敲击和放置等。
(3)注意每个零件的安装位置和摆放方向。
(4)拆卸下来的零件要合理地进行摆放。
(5)工具的使用要合理、规范。
(6)注意拆装的安全。
3)准备工作
(1)工具准备:工具车、工具柜、放水盘等。
(2)材料准备:与该车型相符的新水泵总成、节温器、冷却液添加剂(乙二醇基)等。
(3)尽量让发动机处于冷态时进行该项操作。
(4)清理干净发动机周围污物。
4)水泵和节温器拆卸的计划与实施
(1)主要的拆卸步骤。

通过观察实车、查阅维修手册或工作页,小组讨论并决定拆卸水泵和节温器的主要步骤,并将表 6-1 中所列拆卸水泵和节温器的主要步骤进行正确排序。

学习任务6 水泵和节温器的更换

拆卸水泵和节温器的主要步骤　　　　　表 6-1

序号	拆卸步骤
	拆下节温器
	拆下进水口
	卸下油位量尺安装螺栓,拉出量尺导管及油位量尺
	排出发动机冷却液
	将连接进水口与汽缸盖的螺栓拆下,取出水泵及进水口总成
	拆下交流发电机驱动皮带和水泵皮带轮,拆下汽缸盖罩,拆下3号和2号正时皮带罩

图 6-8 所示为水泵零部件分解图。

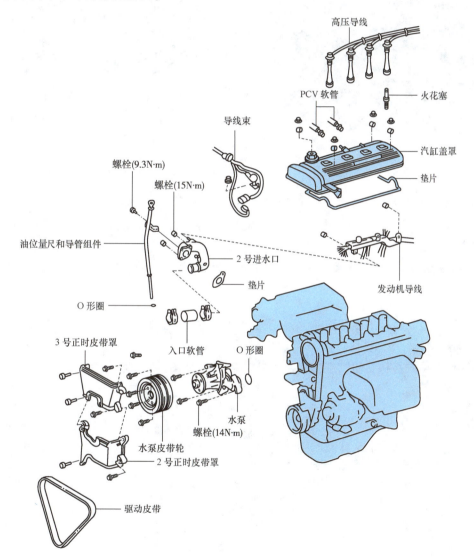

图 6-8　水泵及相关零部件分解图

（2）具体的拆卸步骤和要求。

①拆下发动机舱下盖,如图 6-9 所示。

小提示

在发动机舱中进行工作时,必须考虑到风扇可能自行打开,而有受伤危险。
务必先把冷却风扇插接件、熔断器或继电器的其中一样拔除再进行后续操作。

②排放冷却液。

a. 松开散热器盖,使其倾斜45°,如图6-10所示。

图6-9　发动机舱下盖　　　　　　　图6-10　排放冷却液

b. 散热器内部的压力释放后,取下散热器盖。

小提示

发动机、散热器表面温度未降至常温时勿拆下散热器盖,防止热的液体、蒸气喷出造成烫伤。

小组评价:
在发动机温度较高时排出冷却液前,第一步是否先把散热器盖倾斜45°进行压力释放?
□是　　　　　　□否

c. 松开散热器排放塞和发动机排放塞以便排放冷却液,如图6-11所示。

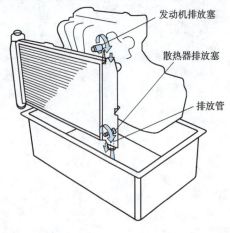

图6-11　冷却液排放

小词典

冷却液：

冷却液用来使发动机冷却。在冬季,冷却液添加剂的比例对于冷却液的防冻十分重要。

汽车的发动机冷却系统在出厂时已加注有长效冷却液。长效冷却液是由水和冷却液添加剂混合而成,此添加剂中有一种以乙二醇为基料的防冻剂与防腐蚀添加物。

学习思考

(1)为什么要在拧开散热器盖和发动机排放塞后才排放冷却液？直接拆卸排放管排放冷却液会出现什么问题？

(2)在拆卸水泵前,排出的冷却液是否可以继续使用？为什么？

③卸下交流发电机驱动皮带。

如图6-12所示,松开发电机皮带调整机构,取出皮带。

小组评价：

在卸下交流发电机驱动皮带前,是否先拧松发电机皮带调整机构的紧固螺栓,再松开调节螺栓？提示：如果直接松开调节螺栓会引起其变形。

□是　　　　　　　　□否

④拆下汽缸盖罩。

如图6-13所示,拆开4个螺母和4个密封垫以及气门盖罩。

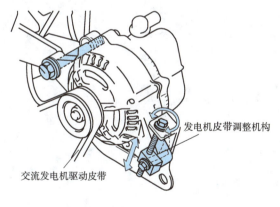

图6-12　松开发电机皮带调整机构

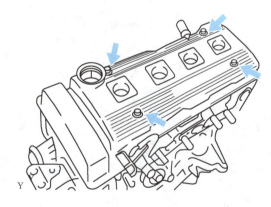

图6-13　拆卸气门盖罩

⑤拆下3号和2号正时皮带罩。

如图6-14所示,卸开导线束保护罩。

⑥拆卸油位量尺导管及油位量尺。

卸下安装螺栓,拉出量尺导管及油位量尺。从量尺导管上取下O形圈,如图6-15所示。

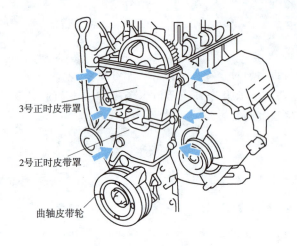

图6-14　拆卸正时皮带罩

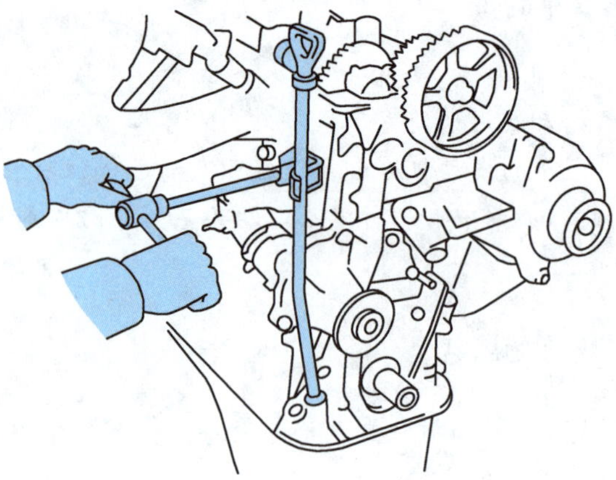

图6-15　拆卸油位量尺导管

⑦拆卸水泵。

将进水口连到汽缸盖上的螺栓拆下。取出水泵及进水口总成。

拔下冷却液温度传感器导线接头。拆卸2号进水口连到汽缸盖上的2个螺栓,如图6-16所示。拆下3个螺栓、水泵及2号进水口。从汽缸体上取下O形圈。

⑧节温器的拆卸。

a.拆下进水口,如图6-17所示。

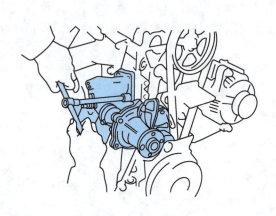

图6-16　拆下水泵

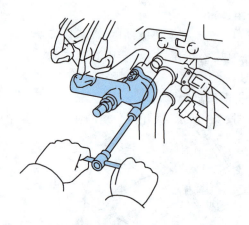

图6-17　拆下进水口

b.取出节温器。

3.写出被拆卸下来的零件名称和作用。

被拆卸下来的零件名称和作用：

学习拓展

(1) 水泵的工作原理。

水泵的工作原理：如图6-18所示，当叶轮旋转时，水泵中的冷却液被叶轮带动一起旋转，在离心力作用下，冷却液被甩向叶轮边缘，然后经外壳上与叶轮成切线方向的出水管压送到发动机水套内。与此同时，叶轮中心处的压力降低，散热器中的冷却液便经进水管被吸进叶轮中心部分。如此连续的作用，使冷却液在水路中不断地循环。

想一想，如果水泵因故停止工作时，会产生什么样的后果？

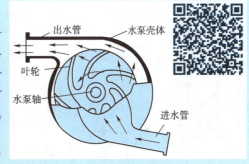

图6-18 离心式水泵

(2) 节温器的工作原理。

蜡式节温器在橡胶管和感应体之间的空间里装有石蜡，如图6-19所示。

常温时，石蜡呈固态，阀门压在阀座上，这时阀门关闭；当发动机冷却液温度达到80℃以上时，阀门开启，如图6-20所示。

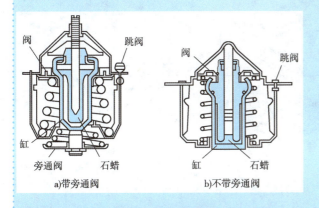

图6-19 节温器　　　　　　　　图6-20 节温器工作示意图

(3) 冷却系统大小循环的工作过程。

通常，冷却液在冷却系统内的循环流动路线有两条，一条为大循环，另一条为小循环。所谓大循环是冷却液温度高时，冷却液经过散热器而进行的循环流动；而小循环就是冷却液温度低时，冷却液不经过散热器而进行的循环流动，从而使冷却液温度升高。可以简单理解为，小循环的冷却液是不通过散热器的，而大循环的冷却液是通过散热器的。

①发动机在预热期间节温器阀门关闭了通往散热器的水路，来自发动机缸盖出水口的冷却液，经水泵又流回汽缸体水套中，进行小循环，如图6-21所示。

②当发动机冷却液温度达到80℃以上时，阀门全开，来自汽缸盖出水口的冷却液流向散热器，而进行大循环，如图6-22所示。

(4) 散热器的结构及工作原理。

散热器的结构是由进水室、出水室及散热器芯等三部分构成。冷却液在散热器芯内流动，空气在散热器芯外通过。热的冷却液由于向空气散热而变冷,冷空气则因为吸收冷却液散出的热量而升温,所以散热器是一个热交换器。

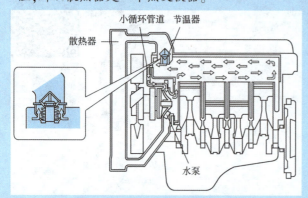

图6-21 冷却系统小循环示意图

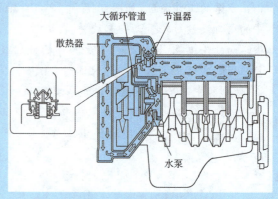

图6-22 冷却系统大循环示意图

散热器的结构如图6-23所示,主要由1 出水口(冷态流向发动机)、2 放水阀、3 _____、4 _____、5 _____(热态来自发动机)、6 散热器风扇组成。

备选答案:A.散热器芯 B.散热器盖 C.进水口 D.副水箱

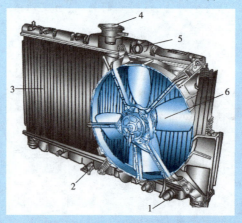

图6-23 散热器

散热器芯由许多冷却管和散热片组成,对于散热器芯应该有尽可能大的散热面积,采用散热片是为了增加散热器芯的_____。散热器芯的构造形式有多样,常用的有管片式和管带式两种,如图6-24所示。

备选答案:A.散热面积 B.散热效果

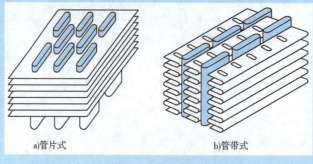

图6-24 散热器芯

对散热器的要求是：必须有足够的散热面积，而且所有材料导热性能要好，因此，散热器一般用铜或铝制成。

(5)散热器盖的结构及工作原理。

目前汽车发动机多采用闭式水冷系统，这种冷却系统的散热器盖具有自动阀门，如图 6-25 所示。发动机热态工作正常时，阀门_____，将冷却系统与大气隔开。防止水蒸气逸出，使冷却系统内的压力稍高于大气压力，从而使冷却液的沸点_____。

备选答案：A.打开　B.关闭　C.降低　D.增高

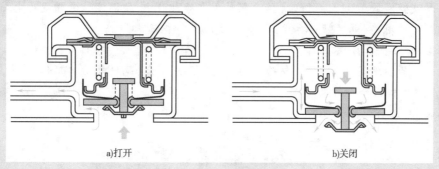

图 6-25　散热器盖自动阀门

(6)副水箱(膨胀水箱)的工作原理。

为了减少冷却液的损失，采用散热器和副水箱结构，如图 6-26 所示。副水箱的上方用一根软管通大气，另一根软管与散热器的溢流管相连。

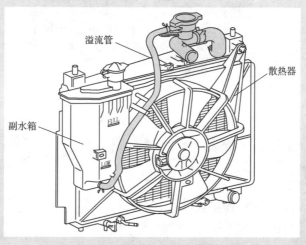

图 6-26　副水箱

当散热器内蒸汽压力升高到某一值时，散热器盖上的压力阀打开，_____通过压力阀和溢流管进入副水箱；当温度下降时，_____又从副水箱通过真空阀流回到散热器内部。这样可以防止冷却液的_____。

备选答案：A.冷却液　B.防冻液　C.损失　D.增加

 小提示

副水箱内部印有两条液面高度标记线(高位 FULL/低位 LOW)，副水箱内的液面高度应位于这两条标记线之间,如图6-26所示。

(7)冷却风扇的工作原理。

冷却风扇的作用是提高通过散热器芯的_____,增加散热效果,加速冷却液的冷却。风扇通常安排在散热器_____。图6-27所示是电动风扇。

备选答案:A.空气流速　B.前面　C.后面

电动风扇的工作过程:

①当冷却液温度低于83℃以下时(传感器作用在冷却液中,把温度信号转变为电信号,使冷却液温度开关产生作用)继电器触点打开,风扇电动机不工作,冷却风扇_____。

备选答案:A.工作　B.不工作

②当冷却液的温度高于93℃时,电路中的继电器触点闭合,风扇电动机工作,冷却风扇_____,加强了发动机的冷却效果。

备选答案:A.工作　B.不工作

图6-27　冷却风扇安装位置

4. 装配水泵的注意事项有哪些?小组讨论装配计划。

1)水泵与节温器的主要装配步骤

(1)装上新的水泵总成,将进水口连接到汽缸盖上。

(2)插入量尺导管及油位量尺,安装螺栓,并固定好。

(3)装上汽缸盖罩后,安装水泵带轮和交流发电机驱动带。

(4)装入新节温器。

(5)安装进水口。

(6)添加发动机冷却液。

(7)水泵和节温器安装后的质量检验。

2)具体的装配步骤和要求

(1)装入新的水泵总成。

①新水泵安装前目视检查。转动皮带轮,检查水泵轴承转动,应平滑无声,如图6-28所示。

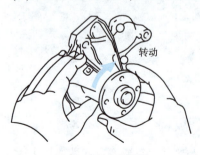

图6-28　检查新水泵

小组评价：

在更换新水泵前，有没有对新水泵进行检查？

☐ 有　　　　　　☐ 没有

②组装水泵和2号进水口。组装水泵进水口，如图6-29所示。

（2）将新的O形圈放在汽缸体上，将新的水泵垫片放在汽缸盖上，并使标记朝上，如图6-30所示。

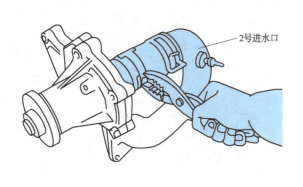

图6-29　组装水泵进水口

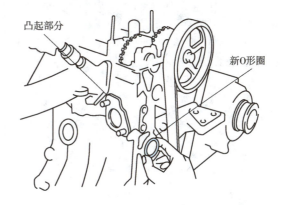

图6-30　安装水泵垫片

 学习思考

在装上水泵时为什么要更换新的水泵垫片，如果仍使用旧的垫片会有什么问题出现？

小组评价：

在更换新水泵时，有没有更换新的水泵垫片？

☐ 有　　　　　　☐ 没有

（3）用3个螺栓和2个螺母安装水泵和2号进水口，并按规定力矩拧紧螺栓和螺母，如图6-31所示。螺栓拧紧力矩为14N·m；螺母拧紧力矩为15N·m。

（4）插入量尺导管及油位量尺，安装螺栓并固定好。

给量尺导管装上一个新的O形圈并在O形圈上涂肥皂水。将量尺导管与量尺一起推入，并用螺栓固定，螺栓拧紧力矩为9.3N·m，如图6-32所示。

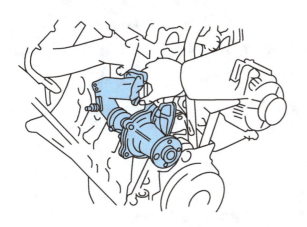

图6-31　安装水泵和进水口

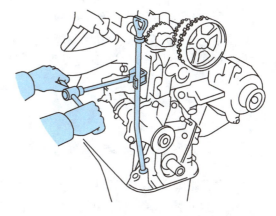

图6-32　安装油位量尺导管

(5)连接导线束保护罩,安装2号和3号正时皮带罩,如图6-33所示。
(6)安装汽缸盖罩,然后安装水泵皮带轮和交流发电机驱动皮带。
①安装汽缸盖罩,如图6-34所示。

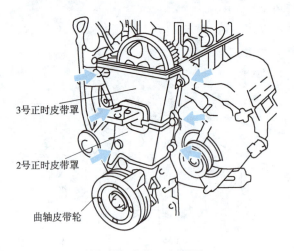

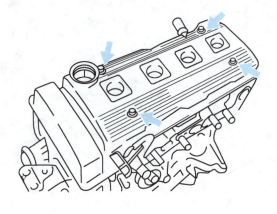

图6-33 安装正时皮带罩　　　　　　　　　图6-34 安装汽缸盖罩

②安装水泵皮带轮和交流发电机驱动皮带,如图6-35所示。
驱动皮带松紧度的调整方法是通过移动发电机来转动调节螺栓,并施加张紧力,如图6-36所示。

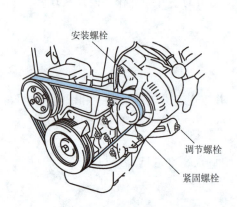

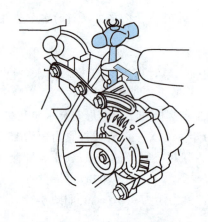

图6-35 安装曲轴皮带轮和水泵驱动皮带　　　图6-36 皮带松紧度的调整方法

先松开发电机的安装螺栓和紧固螺栓,然后通过转动调节螺栓使发电机移动,来调整皮带的张紧度。若向放松的方向旋转调节螺栓,则皮带张紧度会(　　)。

备选答案:A.增大　　　B.减少

小提示

如果在松开紧固螺栓以前转动调节螺栓,调节螺栓就可能变形。

检查皮带张紧度,拧紧紧固螺栓,然后再拧紧安装螺栓。如图6-37所示。
如图6-37所示,拇指用约30N的力按压两皮带轮中间位置的皮带,松紧度应有(　　)。

备选答案:A.10~15mm　　　　　　B.20~25mm　　　　　　C.30~35mm

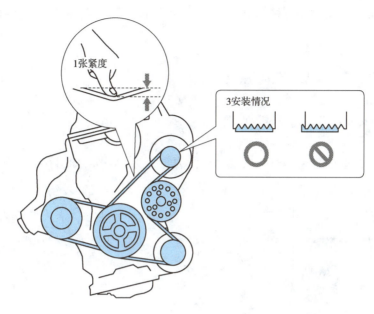

图 6-37 检查皮带张紧度

 学习思考

皮带过松或过紧会出现什么问题?

小组评价:
在调整发电机皮带时的操作方法和过程是否正确?
□正确　　　　　□不正确
请检查调整后的皮带松紧度是否合格。
□合格　　　　　□不合格

3)节温器的装配

(1)装入新节温器,并在节温器上安装新垫片,如图 6-38 所示。

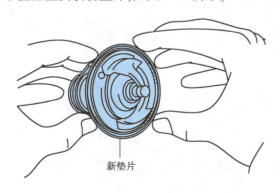

图 6-38 节温器安装新垫片

 小提示

在安装节温器时注意方向,否则会导致发动机冷却不良。

(2)将节温器的跳阀对准双头螺柱的上边,将节温器插进进水口壳,跳阀设定在图 6-39 所示位置左右 10°内。

小组评价:

在更换新节温器时,有没有更换新的垫片?

□有　　　　　　　　□没有

请检查节温器的安装方向和位置是否正确。

□正确　　　　　　　□不正确

(3)安装进水口,按规定力矩拧紧螺母,规定拧紧力矩为 9.3N·m,如图 6-40 所示。

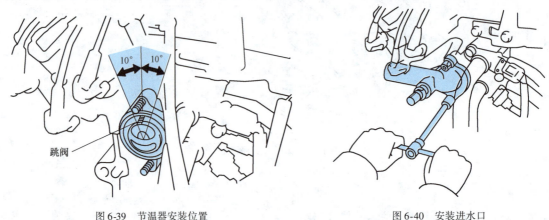

图 6-39　节温器安装位置　　　　　　　图 6-40　安装进水口

4)添加发动机冷却液

注入发动机冷却液,起动发动机并检查冷却液有无泄漏。按下列步骤添加冷却液。

(1)拧紧排水塞,加注冷却液到溢出为止。容量:5.8L(MT);5.7L(AT)。

(2)拧紧散热器盖。

(3)加注冷却液到副水箱,直至液面到达上刻线。

(4)起动发动机,暖机到节温器阀开始打开。

(5)关闭发动机,待冷却液温度下降到足够冷,然后打开散热器盖检查冷却液液位。

(6)如果液位下降,继续执行以上程序。

(7)如果液位没有下降,调节副水箱液位。

 小提示

在暖机期间,用手捏散热器进水软管和出水软管数次。如果冷却液液位下降,添加冷却液。

 5. 装配结束后需要对水泵和节温器的情况进行检查,以保证装配的质量。

水泵安装后的质量自检:

 小提示

发动机、散热器表面温度未降至常温时勿拆下散热器盖,防止热的液体、蒸气喷出造成烫伤。

(1) 检查发动机冷却系统泄漏情况。

①将散热器加满冷却液,把测试器安装在散热器盖上,如图6-41所示。

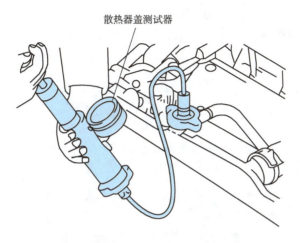

图6-41 散热器盖测试器

②起动发动机。

③用手动泵给系统加压,压力至118kPa,测试压力应不下降。如压力下降,检查孔口、散热器、水泵和节温器安装的进水口是否有泄漏现象。如果没有发现泄漏现象,检查加热器芯、缸体与缸盖。

按实际操作情况填写表6-2并作出判断。

发动机冷却系统泄漏检查　　　　　　　　　　　　　　　　　　　　　　　　表6-2

密封性检查	压力(kPa)	等待时间(min)	压力降(kPa)	判断结果:正常/不正常
结果记录				

(2) 检查副水箱中发动机冷却液量。

副水箱冷却液量应在LOW(低)和FULL(满)之间,如图6-42所示。如果低于规定值,检查泄漏位置并加注"专用的冷却液"或相当产品至FULL线。

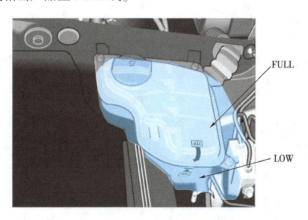

图6-42 副水箱冷却液量检查

(3) 起动发动机并检查有无漏水。(　　)

备选答案:A. 有漏水　　　　　　B. 没有漏水

(4) 副水箱冷却液量应在LOW(低)和FULL(满)之间。(　　)

备选答案:A. 是　　　　　　　　B. 否

(5)观察仪表板上的冷却液温度警告灯(冷却液温度表)是否正常。[本题可参考学习拓展"冷却液温度指示器(冷却液温度表)"的内容作出判断](　　)

备选答案：A.正常　　　　　　B.不正常

(6)在上述检查中,起动发动机并检查冷却系统,如果有漏水应如何处理?

学习拓展

(1)冷却液温度传感器。

位于发动机出水管附近的冷却液温度传感器是发动机电控单元重要的信号来源,它也随着发动机技术的发展变化着。图6-43所示为横置发动机冷却液温度传感器的安装位置。

图6-43　冷却液温度传感器的安装位置

顾名思义,冷却液温度传感器的作用是检测发动机冷却液温度的变化,当然,它还要把这一重要信息传递给发动机电脑(ECU)。图6-44所示为某款发动机冷却液温度传感器信号传递示意图。

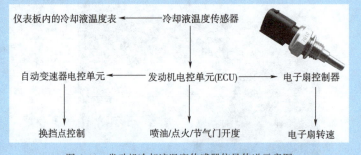

图6-44　发动机冷却液温度传感器信号传递示意图

现在的发动机控制系统中只有一个冷却液温度传感器,它身兼两职：一是监测冷却液温度并把信号传给ECU;二是监测冷却液温度并把信号传递给仪表板,以实现冷却液温度表的显示及报警功能。在这之前,电喷发动机大多需要两个冷却液温度传感器,上述两个功能由它们分别完成。

(2)冷却液温度指示器(冷却液温度表)。

在仪表板上安装有发动机冷却液温度指示器,以便驾驶人监控发动机温度,避免出现过热现象。该指示器的电路由冷却液温度传感器(安装在发动机出水管上)、温度指示器和稳压器等组成,如图6-45所示。当冷却液温度变化时通过冷却液温度传感器电阻的大小变化转换为电信号使得温度指示器得以显示当前的温度。

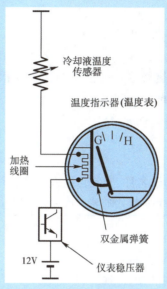

图6-45 冷却液温度指示器电路

(3) 冷却液。

发动机冷却液由乙二醇、防腐蚀添加剂、抗泡沫添加剂和水组成,其中,乙二醇是扩大液体适应温度区间的核心成分,通过与水的融合,高浓度的冷却液可在-60~197℃不沸腾、不结冰,不过,这样的产品价格更高,所以,厂家会根据地区以及使用情况的不同来调整冷却液中乙二醇的添加比例。

小提示

请在冬季开始时检查汽车中的冷却液是否与使用地区的气候条件相适应。特别是驾车去寒带地区时,这一点尤为重要。必要时视气候条件把乙二醇的比例提高到50%~60%。

冷却系统处于带压状态!请勿在发动机热态时打开冷却液副水箱的盖子,否则有烫伤危险。

冷却液添加剂和冷却液有害健康。因此,请将冷却液添加剂保存在原装容器中,确保儿童不能触及,否则会有中毒危险。

冷却液有效使用期最多为两年,到期或发现冷却液脏就要更换。如果必须排空冷却液,则不可重新使用已排放出来的冷却液。要把排放出来的冷却液用容器盛放,然后遵照环境保护的规定回收处理。

三、评价反馈

1. 学习自测题

(1) 使冷却液在散热器和水套之间进行循环的水泵旋转部件称为( )。

　　A. 叶轮　　　　　B. 风扇　　　　　C. 壳体　　　　　D. 水封

(2) 节温器中使阀门开闭的部件是( )。

　　A. 阀座　　　　　B. 石蜡感应体　　　C. 支架　　　　　D. 弹簧

(3) 加注冷却液时,最好选择( )。
　　A. 井水　　　　　　B. 泉水　　　　　　C. 雨雪水　　　　　　D. 蒸馏水
(4) 发动机工作温度过高时,应立即打开散热器盖,加入冷水。( )
　　A. 正确　　　　　　B. 错误
(5) 发动机在使用中,冷却液的温度越低越好。( )
　　A. 正确　　　　　　B. 错误
(6) 散热器风扇工作时,风是向散热器方向吹的,这样有利于散热。( )
　　A. 正确　　　　　　B. 错误
(7) 请说出冷却液大循环与小循环的区别。

(8) 请你说出表 6-3 中图示的零部件名称、安装位置及主要作用,填入表中。

零部件的名称、安装位置及主要作用　　　　　表 6-3

零部件图示	名　称	安 装 位 置	主 要 作 用

2. 学习目标达成度的自我检查(表6-4)

自 我 检 查 表　　　　　　　　　　　　　　　表6-4

序号	学习目标	达成情况(在相应的选项后打"√")		
		能	不能	如果不能,是什么原因
1	叙述发动机冷却系统的组成、作用和工作原理			
2	识别发动机冷却系统的主要零配件并叙述其主要作用			
3	独立制订更换水泵工艺的方法			
4	规范更换发动机水泵			
5	对水泵的安装质量进行自检			

3. 日常表现性评价(由小组长或者组内成员进行评价)

(1)工作页填写情况。(　　)

　　A.填写完整　　　　　　　　　　　　B.缺失 0~20%

　　C.缺失 20%~40%　　　　　　　　　D.缺失 40% 以上

(2)工作着装是否规范?(　　)

　　A.穿着校服(工作服)、佩戴胸卡　　　B.校服或胸卡缺失一项

　　C.偶尔会既不穿校服又不戴胸卡　　　D.始终未穿校服、未佩戴胸卡

(3)能否主动参与工作现场的清洁和整理工作?(　　)

　　A.积极主动参与

　　B.在组长的要求下能参与

　　C.在组长的要求下能参与,但效果差

　　D.不愿意参与

(4)升降汽车或起动发动机时,有无进行安全检查并警示其他同学?(　　)

　　A.有安全检查和警示　　　　　　　　B.有安全检查无警示

　　C.无安全检查,无警示

(5)是否达到全勤?(　　)

　　A.全勤　　　　　　　　　　　　　　B.缺勤 0~20%(有请假)

　　C.缺勤 0~20%(旷课)　　　　　　　D.缺勤 20% 以上

(6)总体印象评价。(　　)

　　A.非常优秀　　　B.比较优秀　　　C.有待改进　　　D.急需改进

(7)其他建议:

小组长签名:_____　　　　　_____年_____月_____日

4. 教师总体评价

(1)对该同学所在小组整体印象评价。(　　)

　　A.组长负责,组内学习气氛好

B. 组长能组织组员按要求完成学习任务,个别组员不能达成学习目标
C. 组内有30%以上的学员不能达成学习目标
D. 组内大部分学员不能达成学习目标

(2)对该同学整体印象评价:
_____
_____
_____。

教师签名:_____ _____年_____月_____日

学习任务 7　机油泵的更换

学习目标

完成本学习任务后,你应当能:
1. 叙述发动机润滑系统的组成、作用和工作原理;
2. 识别发动机润滑系统的主要零部件并叙述其主要作用;
3. 独立制订更换机油泵的计划;
4. 规范更换机油泵;
5. 掌握机油泵的结构特点和安装位置;
6. 对机油泵的安装质量进行自检。

建议完成本学习任务为 6 学时
学时分配:学习准备 1 学时;计划与实施 2 学时;学习拓展 2 学时;评价反馈 1 学时。

内容结构

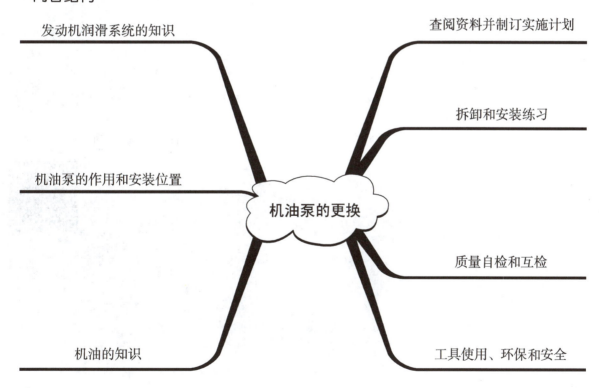

 学习任务描述

发动机润滑系统出现了异常情况,经诊断,确定发动机机油泵已经损坏,需要更换。请你按照操作规程更换发动机机油泵。

发动机机油泵的性能好坏对发动机润滑起到至关重要的作用,一经诊断机油泵有故障必须及时修理或更换。本任务通过更换机油泵的学习,了解发动机润滑系统的组成、各组件的安装位置、润滑系统作用等,同时掌握机油泵拆装的技巧和注意事项。

一、学习准备

1. 发动机润滑系统的安装位置、组成及作用?

1)发动机润滑系统的安装位置

发动机润滑系统在车上的安装位置,如图7-1所示。

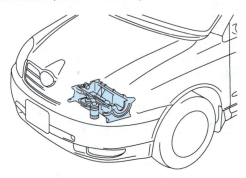

图7-1 发动机润滑系统在车上的安装位置

根据统计,车辆因润滑不良造成的故障占总故障的40%。润滑系统好坏决定了汽车发动机的性能和使用寿命。

2)发动机润滑系统组成

如图7-2所示,发动机润滑系统的主要部件由1_____、2 油底壳、3_____、4_____、5 油压开关、6 主油路、7 回油孔等组成。

备选答案:A. VVT控制阀　　B. 集滤器　　C. 机油滤清器　　D. 机油泵　　E. 主油路

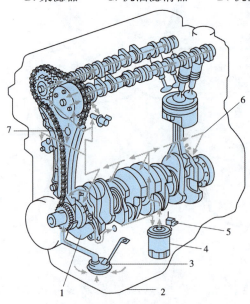

图7-2 发动机润滑系统组成

机油泵的安装位置,如图7-3所示。

图7-3 机油泵的安装位置

机油泵的作用是用来提高机油压力,保证机油在润滑系统内流动循环。图7-4所示的机油泵有一驱动转子和一不同轴的从动转子,驱动转子用曲轴_____驱动。

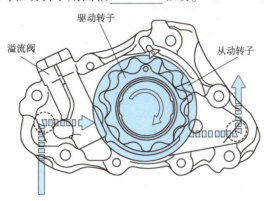

图7-4 机油泵

3)润滑系统的作用

润滑系统主要有以下哪几点作用,在正确选择□上打"√"。

□润滑——润滑运动零件表面。
□清洁——清洗摩擦表面,带走磨屑和其他异物。
□冷却——机油在循环过程还可以带走摩擦产生的热量。
□密封——机油在运动零件之间形成油膜,提高它们的密封性。

二、计划与实施

2.拆卸发动机机油泵前我们应该先了解一些基本信息,你知道拆卸过程中需要注意哪些问题？主要的拆卸步骤是什么？

1)了解以下信息

(1)使用的工具:_____。

(2)实训的车型:_____。

2)拆卸的注意事项

(1)采取预防措施:防止异物,如砂砾、灰尘进入零部件内。

(2)防止零件的工作表面被擦伤,如不当的敲击和放置等。

(3)注意每个零件的安装位置和摆放顺序。

(4)拆卸下来的零件要合理地进行摆放。
(5)工具的使用要合理、规范。
(6)注意拆装的安全。
3)准备工作
(1)工具准备:工具车、工具柜、放油盘等。
(2)材料准备:与该车型相符的新机油泵总成、机油滤清器、机油和密封件等。
(3)尽量让发动机处于冷态时进行该项操作。
(4)清理干净发动机周围污物。
4)主要的拆卸步骤

通过观察实车、查阅维修手册或工作页,小组讨论并制订拆卸机油泵的主要步骤,并将表7-1中拆卸机油泵的主要步骤进行正确排序。

拆卸机油泵的主要步骤　　　　　　　　　　　　　　　　　表7-1

序号	拆卸步骤
	拆下油底壳和机油粗滤器
	拆下机油泵
	排出发动机机油
	拆下交流发电机驱动皮带,拆下曲轴皮带轮
	拆下汽缸盖罩后拆下正时皮带和曲轴正时皮带轮

图7-5所示为机油泵零部件分解图。

3. 在拆卸前老师会对整个拆卸过程进行演示,如果没有老师的演示我们该如何参考维修资料进行拆卸?拆卸过程中,还需要了解哪些知识和注意事项?

具体的拆卸步骤和要求:

 小提示

在发动机舱中进行工作时,必须考虑到风扇可能自行打开,而有受伤危险。
务必先把冷却风扇插接件、熔断器或继电器的其中一样拔除再进行下列操作。

(1)拆下发动机舱下盖,如图7-6所示。
图7-6所示箭头所指的发动机舱下盖共有_____个螺栓。
(2)排出机油。
①拧开发动机加油口盖,如图7-7所示。
小组评价:
在排出机油前,第一步是否先把发动机加油口盖拧开? □是　　　　　　　□否
②拆下放油螺塞,放机油时用放油盘接住机油,如图7-8所示。

 学习思考

为什么要拧开发动机加油口盖后才排放机油?直接拆卸放油螺塞排放机油会出现什么问题?

学习任务7　机油泵的更换

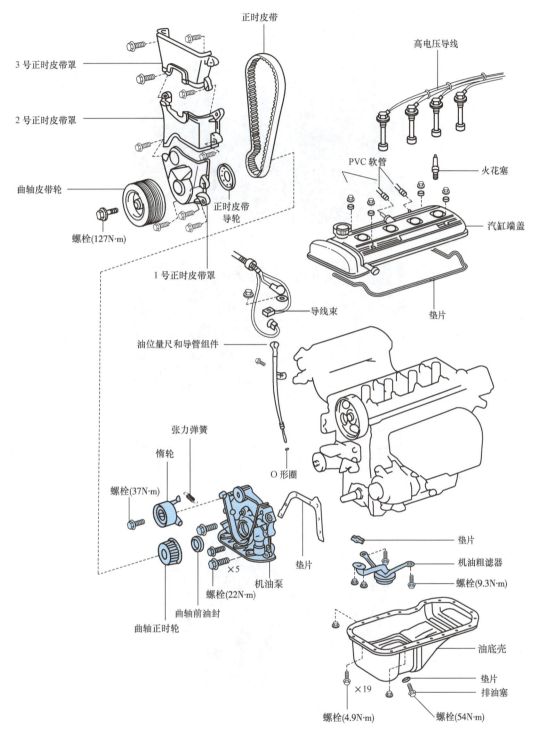

图 7-5　机油泵零部件分解图

 小提示

排放机油时为了避免烫伤,发动机温度较高时请等待一段时间,待自然冷却至常温后再进行此项操作。

图 7-6 发动机舱下盖

图 7-7 发动机加油口盖位置

图 7-8 排出机油

(3) 卸下交流发电机驱动皮带。

如图 7-9 所示松开发电机皮带调整机构,取出皮带。

小组评价:

在卸下交流发电机驱动皮带前是否先拧松发电机皮带调整机构的紧固螺母转动调节螺栓。提示:如果不松开紧固螺母直接转动调节螺栓会引起其变形。

□是　　　　　□否

(4) 卸下汽缸盖罩后卸下正时皮带和曲轴正时皮带轮。

①拆下汽缸盖罩,如图 7-10 所示。拆下 4 个螺母和 4 个密封垫以及气门室盖。

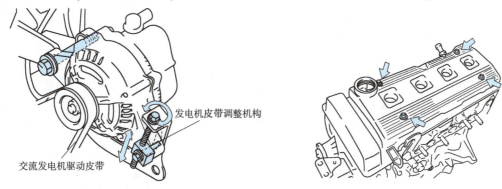

图 7-9　松开发电机皮带调整机构　　　　　　图 7-10　拆下汽缸盖罩

②拆下 3 号和 2 号正时皮带罩,如图 7-11 所示,卸开导线束保护罩。

图 7-11　拆卸正时皮带罩

③使用专用维修工具 SST 卸下曲轴皮带轮螺栓,并拆下曲轴皮带轮,如图 7-12 所示。

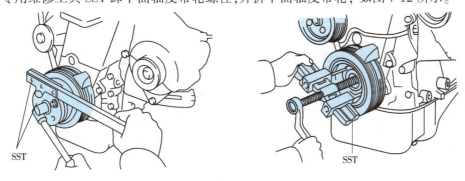

图 7-12　拆卸曲轴皮带轮

小组评价:

在拆卸曲轴皮带轮时,只能使用专用工具 SST 进行,而不能用其他粗暴或不合理的方法进行拆卸。该同学采用的方法是哪种?你认为是否合理。

④卸下安装螺栓,拉出量尺导管及油位量尺。从量尺导管上取下 O 形圈,如图 7-13 所示。

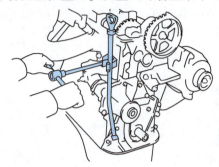

图 7-13　拆卸油位量尺导管

⑤卸下正时皮带导轮并取出正时皮带和曲轴正时皮带轮,如图 7-14 所示。

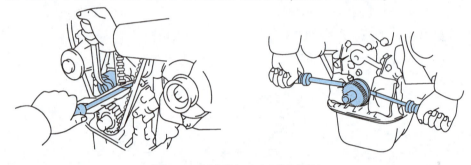

图 7-14　正时皮带与正时皮带轮的拆卸

小提示

正时皮带拆卸与安装的位置准确性要求非常高,详细方法请参考配气机构的正时皮带安装与拆卸。

(5)卸下油底壳和机油粗滤器。

①拆下油底壳螺栓,如图 7-15 所示;拆下油底壳,如图 7-16 所示。

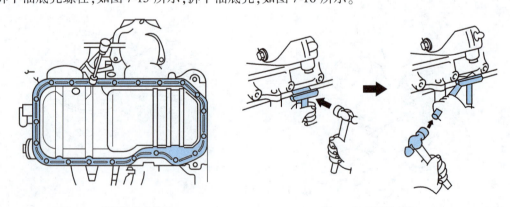

图 7-15　拆下油底壳螺栓　　　　　图 7-16　拆下油底壳

②拆下机油粗滤器和垫片,如图 7-17 所示。

(6)卸下机油泵。

卸下图 7-18 箭头所示的 7 个螺栓。用橡胶贴面的锤子小心轻敲机油泵体,拆下机油泵,如图 7-19 所示,取下垫片。

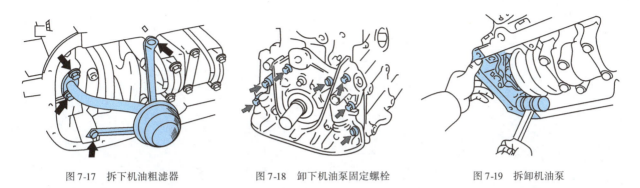

| 图7-17 拆下机油粗滤器 | 图7-18 卸下机油泵固定螺栓 | 图7-19 拆卸机油泵 |

  4.写出被拆卸下来的零件名称和作用

被拆卸下来的零件名称和作用：

> **学习拓展**
>
> （1）润滑系统工作过程。
>
> 润滑系统使用一个机油泵，连续在整个发动机内部供应润滑机油，如图7-20所示。
>
>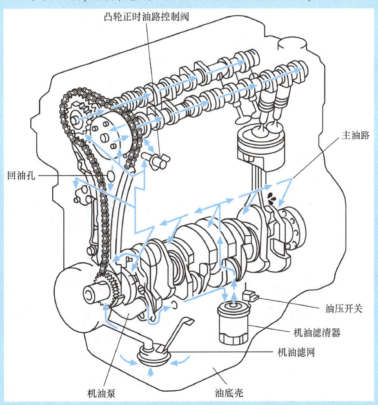
>
> 图7-20 润滑系统
>
> 发动机润滑油循环过程的油路如图7-21所示。

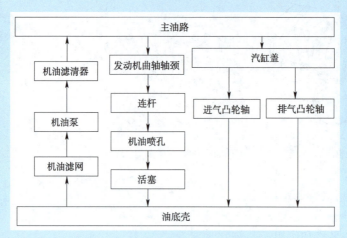

图7-21 发动机润滑油循环过程的油路

（2）转子机油泵的工作原理。

转子机油泵由一个内啮合外转子和一个外啮合内转子组成，如图7-22所示。内转子为被驱动部件。外转子在内转子齿轮上滚动并以这种方式在机油泵壳体内旋转。内转子比外转子少一个轮齿，因此转动一圈时液体由一个外转子齿隙输送至下一个齿隙。转动时吸油侧空间增大，同时压力侧空间相应减小。这种结构可在输送量较大的情况下产生较高的压力。

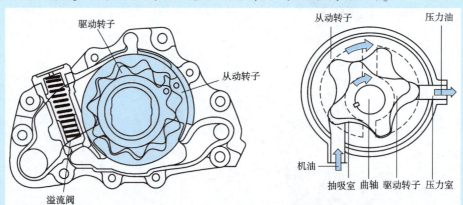

图7-22 转子机油泵

机油泵内还装有1个溢流阀，到达规定压力时阀门_____，从而控制最大机油压力。

备选答案：A.打开　B.关闭

（3）油底壳。

油底壳用来收集与存放机油，并有一定散热作用，如图7-23所示。一般采用钢板冲压或者铝合金压铸两种方式制成。油底壳内部各处冲压成深浅不一的形状，是为了防止振动造成机油波动。

图7-23 油底壳

小提示

油底壳上制作有深凹处和隔断,即使车辆倾斜,油底壳底部也有足量机油可供使用。

(4)机油滤网。

机油滤网又称集滤器,其结构如图7-24所示。安装于机油泵进油管上,可参考图7-2。其作用是防止机油中较大的机械杂质进入机油泵。

(5)机油滤清器。

机油滤清器大多数采用纸滤,主要是过滤发动机在工作中产生的氧化物和其他杂质,当氧化物与杂质附着在机油上,那么就需要机油滤清器过滤。机油滤清器在过滤大量杂质后,过滤物就会堵塞过滤纸,过滤效果大为减弱,此时需要更换滤清器,否则会对发动机造成影响。

机油滤清器有两种设计,一种是整体更换,如图7-25所示;一种是单独更换滤芯,如图7-26所示。大多数车型的机油滤清器都是整体更换,只有部分车型单独更换滤芯。

图7-24 机油滤网(集滤器)

图7-25 机油滤清器

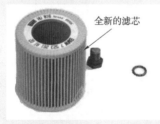

图7-26 机油滤芯

小提示

机油滤清器是需要定期更换的零件,并且达到规定行驶里程时需要更换。一般在更换机油的时候一同更换。

机油滤清器在安装前必须保证安装座表面光洁无杂质,安装时必须水平拧紧。否则将可能直接导致发动机高速运转时机油的泄漏,发生严重事故。

(6)机油尺。

机油尺的作用是用来检查油底壳内油量和油面高低的。它是由一根金属杆制成,下端扁平,并有刻度线。其安装位置如图7-27所示。

机油油面必须处于油尺上下刻线之间或位于图7-28所示的_____与_____之间的范围内,为之合适。

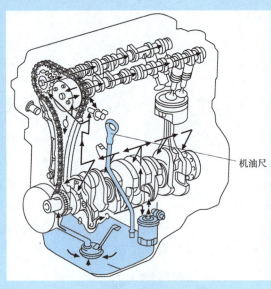

图7-27 机油尺

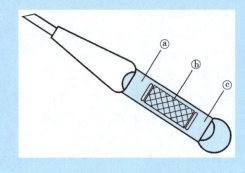

图7-28 机油尺的端部油位指示

(7)机油压力开关。

机油压力开关用于监控机油润滑系统的压力情况。发动机处于静止状态且点火开关打开时,机油压力指示灯通过机油压力开关搭铁,指示灯亮起。起动发动机后,机油压力使搭铁触点打开,指示灯熄灭。

机油压力开关的工作过程如图7-29所示。

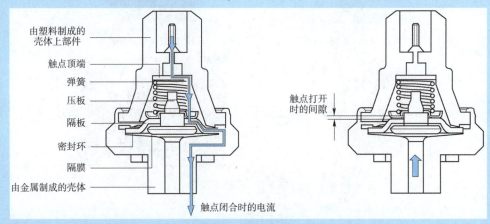

图7-29 机油压力开关

(8)油压警告灯(油压表)。

油压警告灯(油压表)用以指示发动机工作时润滑系统中机油压力的大小。装在主油路上的油压开关(油压传感器)通过导线把检测到的机油压力信息传递给油压警告灯(油压表),由装在驾驶室仪表板上油压警告灯(油压表)显示机油压力是否正常,如图7-30所示。

机油压力警告灯组成如图7-31所示。

当探测到发动机机油压力降至异常低值时,机油压力警告灯即向驾驶人报警。

①当油压为低值时(19.6±4.9kPa或更低):

当发动机停机,或油压低于规定值时,机油压力开关内的触点闭合,机油压力警告灯即点亮。

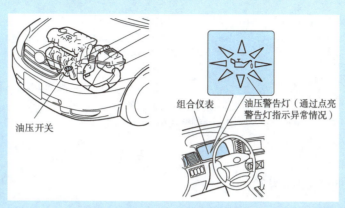

图 7-30　油压警告灯和油压开关位置

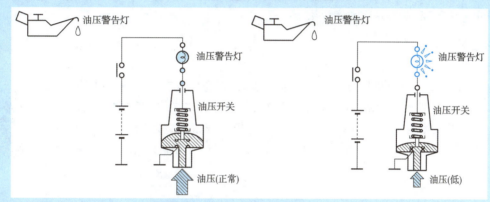

图 7-31　机油压力警告灯组成

②当机油压力为高值时(19.6±4.9kPa 或更高)：

当发动机起动,或机油压力达到或高于规定值时,在机油压力作用下机油压力开关内的膜片被推动,使触点断开,机油压力警告灯熄灭。

提示：

正常的机油压力介于 50~500kPa。如果机油压力降至 20kPa 以下,则机油压力警告灯点亮,如果警告灯点亮,则意味润滑系统内有某种异常。

仅凭机油压力警告灯熄灭,不能确保发动机在高速运转时已得到正确的机油压力。因此,有些发动机还采用机油压力表来显示机油压力。

 小提示

某些车型还对油量进行监控,当油量极低时,发动机机油低油位警告灯点亮。

行车过程中机油压力警告灯点亮,意味润滑系统内有某种异常。请尽快停车,熄灭发动机后检查润滑系统。

 学习思考

行车过程中机油压力警告灯点亮,车辆还继续行驶会引起发动机出现什么问题？请分析说明。

5. 装配机油泵前应该了解哪些注意事项？你了解主要的装配计划吗？

机油泵的主要装配步骤：
(1) 装入新的机油泵总成。
(2) 装上机油粗滤器和油底壳。
(3) 装上曲轴正时带轮和正时齿形带以及汽缸盖罩。
(4) 装上曲轴皮带轮和交流发电机驱动带。
(5) 添加发动机机油。
(6) 机油泵安装后的安装质量检验。

6. 装配前老师会对整个拆卸过程进行演示，如果没有老师的演示该如何参考维修资料按步骤进行装配？装配过程中还需要了解哪些知识和注意事项？

具体的装配步骤和要求：
(1) 装入新的机油泵总成。

安装机油泵。将一个新垫片放在汽缸体上。使机油泵驱动转子的键槽齿与曲轴的大齿咬合，将机油泵滑入，如图7-32所示。用7个螺栓（图7-33中长螺栓的长度为35mm，其他螺栓的长度为25mm）安装固定机油泵，螺栓的拧紧力矩为22N·m。

(2) 安装机油粗滤器。用2个螺栓和2个螺母安装新垫片和机油粗滤器。螺栓和螺母的拧紧力矩均为9.3N·m，如图7-34所示。

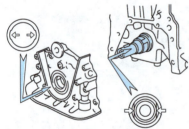
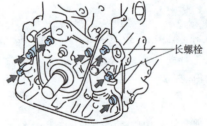

图7-32　安装机油泵　　　图7-33　机油泵安装螺栓　　　图7-34　安装机油粗滤清器

(3) 安装油底壳。

① 用刀片和垫片清除器清除所有的旧填料（FIPG），并彻底清洗所有零件，按图7-35所示在油底壳上涂抹密封填料（零件号08826—00080或相当的产品）。用19个螺栓和19个螺母安装油底壳，螺母的拧紧力矩为4.9N·m。

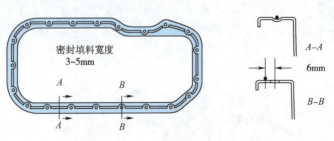

图7-35　油底壳上涂抹密封填料区域

小提示

注意不要将机油滴漏在油底壳和汽缸体的接触表面上。

小组评价:
在安装油底壳前是否已经将油底壳的接触端面的旧填料或旧垫片彻底清除干净?
□已清除　　　　　　　□没有清除

②装上油底壳放油螺塞,并更换新的放油螺塞垫圈后按规定力矩54N·m拧紧,如图7-36所示。

学习思考

在装上油底壳放油螺塞时为什么要更换新的放油螺塞垫圈,如果仍使用旧的垫圈会有什么问题出现?

(4)安装油位量尺导管和量尺。将新的O形圈安装在量尺导管上,在O形圈上涂肥皂水。将量尺导管和量尺一起推入,并用螺栓固定,螺栓拧紧力矩为9.3N·m,如图7-37所示。

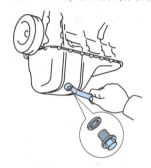 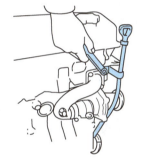

图7-36　放油螺塞垫片位置　　　图7-37　安装油位量尺与导管

(5)安装曲轴正时皮带轮,临时安装惰轮和张力弹簧,安装正时齿形带。

第一步先将曲轴正时皮带轮定位键与曲轴正时皮带轮键槽对准,并将其滑入,安装曲轴正时皮带轮,如图7-38所示。

小提示

曲轴正时皮带轮的凸缘一侧向里。

第二步是安装惰轮和张力弹簧、安装正时皮带,如图7-39、图7-40所示。

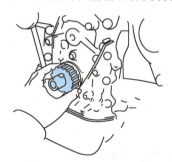 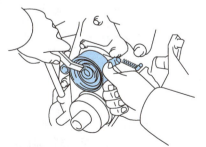 

图7-38　安装曲轴正时皮带轮　　图7-39　安装惰轮和张力弹簧　　图7-40　安装正时皮带

小提示

正时皮带拆卸与安装的位置准确性要求非常高,详细方法请参考配气机构的正时皮带拆卸与安装。

(6)装上曲轴皮带轮和交流发电机驱动皮带,并调整好皮带松紧度,如图7-41所示。
皮带松紧度的调整方法,如图7-42所示。

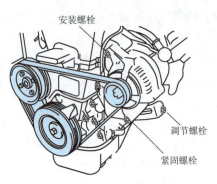
图7-41 安装曲轴皮带轮和交流发电机驱动皮带

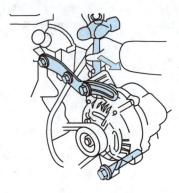
图7-42 皮带松紧度的调整位置

通过转动调节螺栓来移动发电机,并施加张紧力。

第一步先松开发电机的安装螺栓和紧固螺栓,然后通过转动调节螺栓来移动发电机,从而调整皮带张紧度。

拧紧调节螺栓,张紧度(　　);松开调节螺栓,张紧度(　　)。
备选答案:A.增大　　B.减少

 小提示

如果在松开紧固螺栓之前转动调节螺栓,调节螺栓就可能变形。

第二步是检查皮带张紧度,拧紧紧固螺栓,然后拧紧安装螺栓,如图7-43所示。

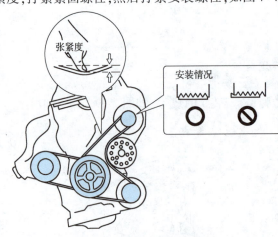
图7-43 调整发电机皮带

如图7-43所示,拇指约用30N力按压两皮带轮中间位置的皮带,松紧度应有(　　)。
备选答案:A.10~15mm　　　　B.20~25mm　　　　C.30~35mm

 学习思考

驱动带过松或过紧会出现什么问题？

小组评价：
在调整发电机皮带时的操作方法和过程是否正确？　□正确　　　　　　　　□不正确
请检查调整后的皮带松紧度是否合格？　　　　　　□合格　　　　　　　　□不合格

（7）如有必要把机油滤清器一并更换（例如机油在排放的时候较为脏污）。

用专用工具拆下机油滤清器，如图7-44所示。检查和清理机油滤清器的安装表面，在新的机油滤清器垫片上涂抹干净的发动机机油。轻轻地将机油滤清器拧入，等垫片触及底座时加以拧紧，再用专用工具拧紧3/4圈，如图7-45所示。

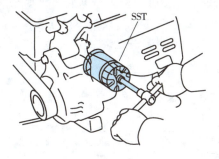

图7-44　拆卸机油滤清器

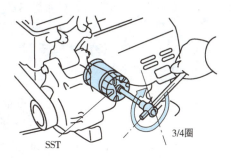

图7-45　安装机油滤清器

 学习思考

在新的机油滤清器的垫片上涂抹干净的发动机机油后才能进行装配，如果不涂抹机油装配容易出现什么问题？

 小提示

在安装机油滤清器前应检查机油滤清器的型号与原件型号是否相同。

（8）添加发动机机油。
按使用说明书添加定量的新发动机机油，如图7-46所示。

图7-46　添加发动机机油

小组评价：
在发动机润滑系统泄漏检查时，该发动机是否有机油泄漏现象？□有　　　　　　　□没有
如果有泄漏机油情况，该同学是如何处理的（无泄漏机油可不填写）。
该同学在机油液位检查时方法是否正确？　　　　　　　　　□正确　　　　　　　□不正确
发动机工作时，该同学有没有观察油压警告灯（油压力表）的情况？□有　　　　　　　□没有

学习拓展

（1）曲轴箱通风。

发动机运转时，泄漏气体由汽缸进入曲轴箱空间内。泄漏气体中包含未燃烧的燃油和所有废气成分。它们在曲轴箱空间内与油雾形式的发动机机油混合。曲轴箱空间内通过活塞运动产生的压力出现在所有与曲轴箱空间相连的空腔内（例如机油回流管路、正时链箱等）且会将机油挤向密封位置处的出油口。为了避免发生这种情况，在此引入了曲轴箱通风装置。开始时只是简单地将泄漏气体与机油的混合气释放到大气中。很久以后才出于环保的考虑采用了封闭式曲轴箱通风装置。

PCV 阀是排放控制的控制装置之一，如图 7-47 所示。其从曲轴箱抽出的气体（窜气）导入发动机的进气管，吸入汽缸重新燃烧。

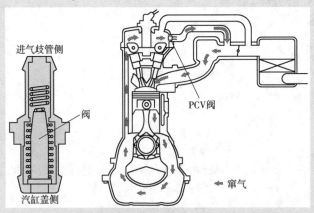

图 7-47　PCV（曲轴箱强制通风）阀

小提示

检查 PCV 阀的重要性：如果 PCV 阀堵塞，窜气就不能够被吸入进气歧管，就直接排放到大气；它还与发动机机油混合，使机油变质。

因此检查的间隔：每 20000km（12000mile）或 1 年。

小词典

窜气：是指从活塞环和汽缸壁之间的间隙漏出到曲轴箱的大量未燃烧的气体（HC）。

（2）机油。

机油是从原油中提炼出来的一种物质，并加入了多种添加剂以适应发动机工作的需求。其主要性能是能在发动机润滑系统内快速循环流动、减少摩擦和磨损以及防止生锈和防腐等。

常见的机油牌号的含义（牌号是 SAE 5W—50）如图 7-48 所示。

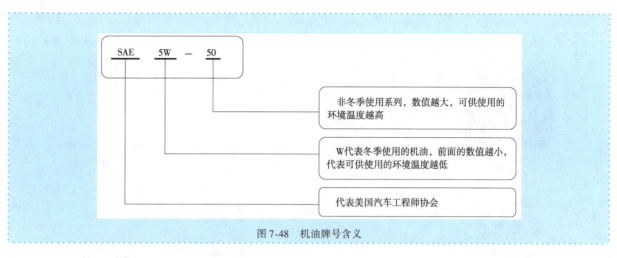

图 7-48　机油牌号含义

三、评价反馈

1. 学习自测题

(1) 丰田 5A 发动机所用的机油泵是(　　)。
　　A. 齿轮式　　　　　B. 活塞式　　　　　C. 转子式　　　　　D. 膜片式
(2) 机油滤清器有两种设计,一种是整体更换,一种是单独更换滤芯。(　　)
　　A. 正确　　　　　　B. 错误
(3) 加注机油时,加入量越多,越有利于发动机的润滑。(　　)
　　A. 正确　　　　　　B. 错误
(4) 润滑油路中的机油压力越高越好。(　　)
　　A. 正确　　　　　　B. 错误
(5) 如何检查发动机内的机油量?油量过多或过少会造成什么影响?

(6) 根据前面所学曲柄连杆机构和配气机构的知识,请在润滑系统中需要润滑的机械部位前面的方格中打"√"。
　　□曲轴轴颈　　　　□曲轴带轮　　　　□齿形带
　　□飞轮　　　　　　□曲柄　　　　　　□连杆轴瓦
　　□活塞销　　　　　□活塞　　　　　　□活塞环
　　□汽缸壁　　　　　□凸轮轴轴颈　　　□凸轮轴正时齿轮
　　□气门弹簧　　　　□气门杆　　　　　□气门导管
(7) 请你写出表 7-2 中图示零部件的名称、安装位置及主要作用。

零部件的名称、安装位置及主要作用　　　　　　　　　　表 7-2

零部件图示	名　　称	安装位置	主要作用

续上表

零部件图示	名　称	安装位置	主要作用

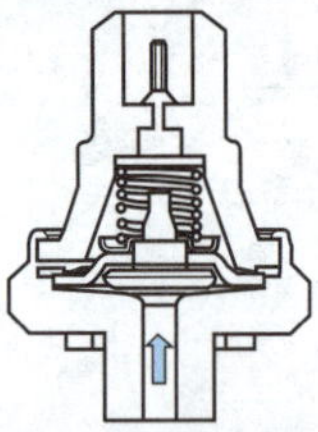			

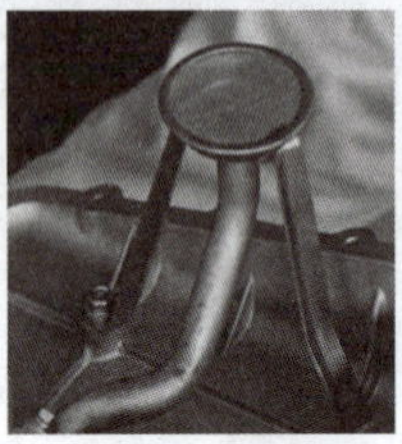			
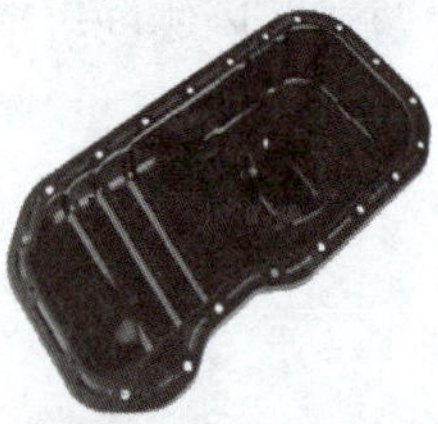			

2. 学习目标达成度的自我检查（表7-3）

自我检查表　　　　　表7-3

序号	学习目标	达成情况（在相应的选项后打"√"）		
		能	不能	如果不能,是什么原因
1	叙述发动机润滑系的组成、作用和工作原理			
2	识别发动机润滑系统的主要零部件并叙述其主要作用			
3	懂得制订更换机油泵工艺的方法			

续上表

序号	学习目标	达成情况(在相应的选项后打"√")		
		能	不能	如果不能,是什么原因
4	会更换机油泵			
5	懂得不同类型机油泵的结构特点和工作原理			
6	对机油泵的安装质量进行自检			

3. 日常表现性评价(由小组长或者组内成员进行评价)

(1) 工作页填写情况。(　　)
　　A. 填写完整　　　　　　　　　　B. 缺失 0~20%
　　C. 缺失 20%~40%　　　　　　　D. 缺失 40% 以上

(2) 工作着装是否规范?(　　)
　　A. 穿着校服(工作服)、佩戴胸卡
　　B. 校服或胸卡缺失一项
　　C. 偶尔会既不穿校服又不戴胸卡
　　D. 始终未穿校服、未佩戴胸卡

(3) 能否主动参与工作现场的清洁和整理工作?(　　)
　　A. 积极主动参与
　　B. 在组长的要求下能参与
　　C. 在组长的要求下能参与,但效果差
　　D. 不愿意参与

(4) 升降汽车或起动发动机时,有无进行安全检查并警示其他同学?(　　)
　　A. 有安全检查和警示　　　　　　B. 有安全检查无警示
　　C. 无安全检查,无警示

(5) 是否达到全勤?(　　)
　　A. 全勤　　　　　　　　　　　　B. 缺勤 0~20%(有请假)
　　C. 缺勤 0~20%(旷课)　　　　　D. 缺勤 20% 以上

(6) 总体印象评价。(　　)
　　A. 非常优秀　　　　　　　　　　B. 比较优秀
　　C. 有待改进　　　　　　　　　　D. 急需改进

(7) 其他建议:

小组长签名:_____　　　　　　　　_____年_____月_____日

4. 教师总体评价

(1) 对该同学所在小组整体印象评价。(　　)
　　A. 组长负责,组内学习气氛好
　　B. 组长能组织组员按要求完成学习任务,个别组员不能达成学习目标
　　C. 组内有 30% 以上的学员不能达成学习目标
　　D. 组内大部分学员不能达成学习目标

(2)对该同学整体印象评价：
_____
_____
_____。

教师签名：_____　　　　　　　　　_____年_____月_____日

学习任务8　曲柄连杆机构的更换

学习目标

完成本学习任务后,你应当能:
1. 叙述曲柄连杆机构的组成、作用和工作原理;
2. 识别曲柄连杆机构的主要零部件;
3. 制订曲柄连杆机构的拆装计划;
4. 规范拆装曲柄连杆机构;
5. 对曲柄连杆机构的安装质量进行自检和互检。

建议完成本学习任务为 18 学时

学时分配:学习准备 1 学时;计划与实施 12 学时;学习拓展 4 学时;评价反馈 1 学时。

内容结构

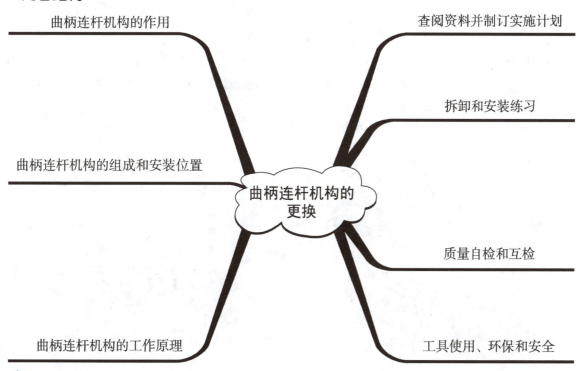

学习任务描述

某车辆出现了异常情况,经诊断确认曲轴、活塞连杆组已经损坏,需要更换。请你按照技术规范,正确地更换曲柄连杆机构,安装后使其能正常工作。

曲轴、活塞连杆组的更换是发动机大修时进行的维修项目,曲柄连杆机构装配质量的高低对发动机的性能和使用寿命有重要的影响。通过对曲柄连杆机构的学习,了解曲柄连杆机构的组成、作用和安装位置。请你根据维修手册制订曲柄连杆机构的拆装计划并实施。

一、学习准备

1.你知道曲柄连杆机构的安装位置、作用和组成零部件吗?

(1)曲柄连杆机构的安装位置,如图 8-1 所示。

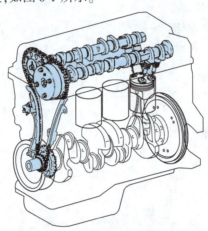

图 8-1　曲柄连杆机构的安装位置

(2)曲柄连杆机构的作用。曲柄连杆机构是往复式发动机的主要工作机构。在做功行程,它将可燃混合气_____(A.燃烧　B.加热　C.加压)产生的热能通过活塞往复直线运动、曲轴旋转运动转变为_____能(A.机械　B.化学　C.热),对外输出动力。

(3)曲柄连杆机构的组成如图 8-2、图 8-3 所示。

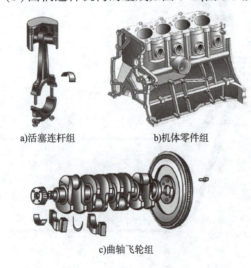

图 8-2　曲柄连杆机构的组成

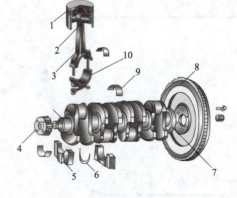

图 8-3　活塞连杆组和曲轴飞轮组的总图

零件名称:活塞、连杆、曲轴正时齿轮、止推垫片、主轴承、主轴承盖、飞轮、连杆轴承盖、活塞销、连杆轴颈

请你观察图 8-3,将与图中零件序号正确对应的零件名称填写在下面列出的零件序号后:

1_____;2_____;3_____;4_____;5_____;
6_____;7_____;8_____;9_____;10_____。

2. 如何使用拆装曲柄连杆机构的专用工具?

扭力扳手和活塞环压缩器的使用方法：
(1) 扭力扳手的使用方法如图 8-4 所示。

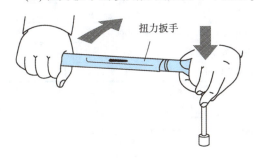
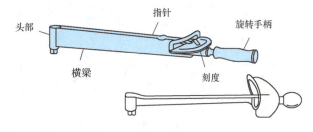

图 8-4　扭力扳手的使用方法

 小提示

使用扭力扳手时，不管是用来拧紧或拧松零件，都应使用拉力，不使用推力。

(2) 活塞环压缩器外观，如图 8-5 所示。
使用的方法：用活塞环压缩器套住活塞，再用四角钥匙顺时针拧紧，开度变小，反方向开度变大。

图 8-5　活塞环压缩器

二、计划与实施

3. 拆卸曲柄连杆机构前我们应该先了解一些基本信息，讨论拆卸过程中需要注意的问题。

1) 了解以下信息
(1) 使用的工具有：活塞环压缩器、扭力扳手、_____、_____ 等。
(2) 实训的车型：_____。
2) 拆卸注意事项
(1) 采取预防措施，防止异物，如砂砾、灰尘进入零部件内。
(2) 防止零件工作表面被擦伤，如不当的敲击和放置等。
(3) 注意每个零件的安装位置和方向。
(4) 拆卸下来的零部件要合理地进行摆放。
(5) 工具的使用要合理、规范。
(6) 注意拆装的安全。

4. 阅读维修手册，讨论并确定拆卸的基本顺序，初步制订主要的拆卸步骤。

1) 制订主要拆卸步骤
通过观察发动机，查阅手册或工作页，讨论主要拆卸步骤，并将表 8-1 中的拆卸步骤进行正确排序。

拆卸曲柄连杆机构的步骤 表8-1

序号	拆 卸 步 骤
	拆下后油封座圈与垫片
	拆下飞轮,拆下后端盖板
	拆卸连杆轴承盖
	拆下曲轴正时带轮
	拆下机油泵与油底壳
	拆下活塞连杆组
	拆下主轴承盖,取出曲轴

图8-6为曲轴连杆和其他相关部件分解图。

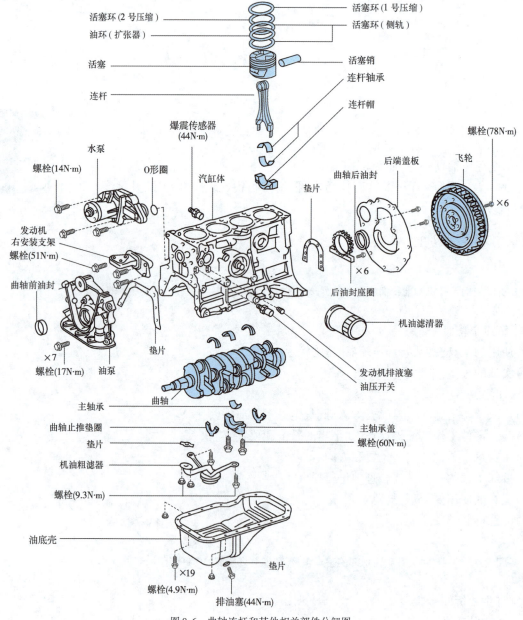

图8-6 曲轴连杆和其他相关部件分解图

2）具体拆卸步骤和要求

（1）拆卸飞轮的6个螺栓，取出飞轮，如图8-7所示。

（2）拆卸后端盖板的2个螺栓，取出后端盖板，如图8-8所示。

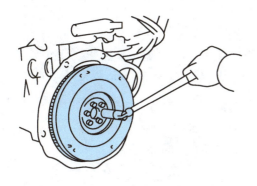

图8-7　拆卸飞轮　　　　　　　　　　图8-8　拆卸后端盖板

（3）拆卸曲轴正时带轮，拆下油底壳与油泵。

（4）拆卸后油封座圈的6个螺栓，取出后油封座圈与垫片，如图8-9所示。

 学习思考

油封的作用？

（5）拆卸连杆轴承盖螺母。

检查连杆和连杆轴承盖上的配合记号，以保证正确地重新组装，如图8-10所示。

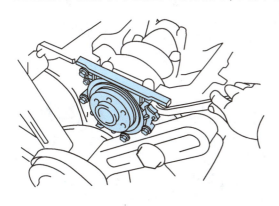 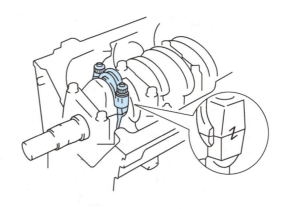

图8-9　拆卸后油封座圈　　　　　　　图8-10　连杆轴承盖装配记号

 学习思考

为什么要对准装配记号？不对准将会出现什么问题？

（6）拆卸连杆轴承盖。

用橡胶贴面的锤子轻敲连杆螺栓并提起连杆轴承盖，但应保持下轴承仍嵌在连杆轴承盖中，如图8-11所示。

小提示

不能用铁锤直接敲打连杆轴承盖。

（7）卸下活塞和连杆组件。

用短软管套在连杆螺栓上，以确保在取出活塞连杆组件时曲轴不受损坏，如图 8-12 所示。

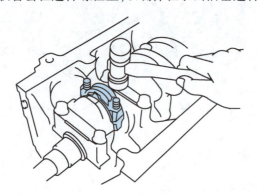
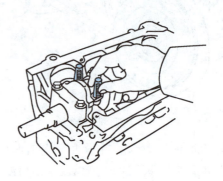

图 8-11　拆卸连杆轴承盖　　　　　　　　　图 8-12　安装短软管

 小提示

拆卸后应将同组的连杆轴承、连杆与连杆轴承盖摆放在一起；各组的连杆轴承、连杆与连杆轴承盖要按正确的顺序摆放好。

 学习思考

按正确的顺序放置连杆轴承、连杆与连杆轴承盖有什么好处？

（8）清除汽缸顶部积炭，取出活塞、连杆组件。

用缸口铰刀去掉汽缸顶部的所有积炭，以确保在取出活塞、连杆组件时活塞和缸体不受损坏，如图 8-13 所示。

用塑料棒推动活塞连杆组件，通过汽缸体顶部将其取下。

（9）按图 8-14 所示数字的顺序，分几次均匀地拧松并卸下主轴承盖螺栓。

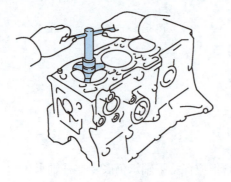
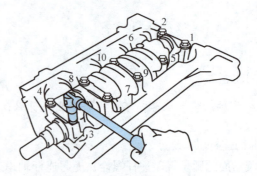

图 8-13　清除汽缸顶部积炭　　　　　　　　图 8-14　主轴承盖螺栓的拧松顺序

学习思考

为什么要按照图8-14所示数字的顺序,分几次均匀地拧松并卸下主轴承盖螺栓?

(10)用拆下的主轴承盖螺栓前后撬动主轴承盖,如图8-15所示。

拆下主轴承盖、下主轴承和两个下止推垫片(仅3号主轴承盖有),注意将下主轴承与主轴承盖摆放在一起并按正确的顺序摆放置。

(11)向上取出曲轴,如图8-16所示。

将上主轴承、两个上止推垫片(仅3号主轴承盖有)与汽缸体放置在一起。清洗所有主轴颈和主轴承。

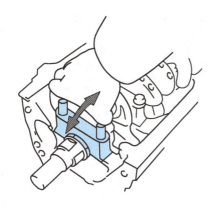

图8-15 用主轴承盖螺栓前后撬动主轴承盖

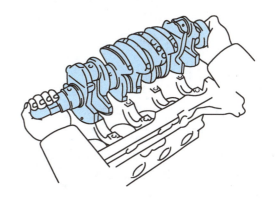

图8-16 取出曲轴

 5. 写出被拆卸下来零部件的名称和作用。

被拆卸下来的零件的名称和作用:

学习拓展

(1)活塞连杆组。

活塞连杆组组成:

活塞连杆组由活塞、活塞环、活塞销、连杆、连杆轴承等组成,如图8-17所示。

①活塞及其类型。

活塞承受燃烧室中可燃混合气体膨胀的作用力,是燃烧室的一部分,工作在高温、高压、高速的环境下。

活塞的作用:承受气体压力,并通过活塞销传递给连杆驱使曲轴旋转,活塞顶部还是燃烧室的组成部分。

活塞的类型:按活塞顶部的形状分为多种类型,常见的有平顶、凸顶和凹顶等类型,如图8-18所示。

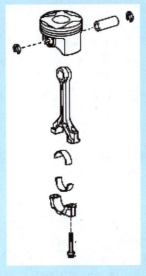

图 8-17 活塞连杆组组成

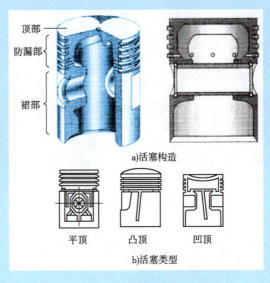

图 8-18 活塞构造及类型

② 活塞环及其类型。

活塞环是具有弹性的开口环,有气环和油环之分,如图 8-19 所示。

气环的作用:保证汽缸与活塞间的密封性,防止漏气,并且要把活塞顶部吸收的大部分热量传给汽缸壁,通过冷却液带走。

工作条件:活塞环在高温、高压、高速和润滑极其困难的条件下工作,尤其是第一道环的工作条件最为恶劣,长期以来,活塞环一直是发动机上使用寿命最短的零件。

气环的种类:气环按照截面的形状分有很多种,最常见的有矩形环、锥面环、扭曲环、梯形环和桶面环,如图 8-20 所示。

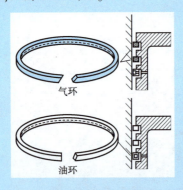

图 8-19 活塞环

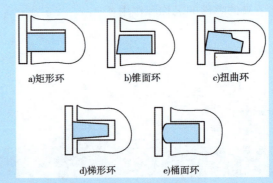

图 8-20 气环种类

油环的作用:当活塞向下运动时,将缸壁上多余的润滑油刮下,通过小孔或切槽流回曲轴箱;当活塞上行时,刮下的机油仍通过回油孔流回油底壳。

油环的种类:分为普通油环和组合油环两种,如图 8-21 所示。

③ 活塞销的连接方式及销内孔形式。

活塞销的作用:连接活塞和连杆,并把活塞承受的气体压力传给连杆。

活塞销的连接方式:活塞销与活塞销座孔及连杆小头衬套孔的连接方式有"全浮式"和"半浮式"两种,如图 8-22 所示。

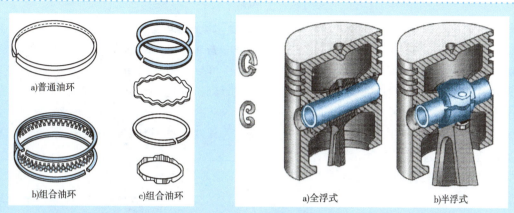

图8-21 油环的种类　　　　　图8-22 活塞销的连接方式

活塞销内孔的形式:有圆柱形、两段截锥与一段圆柱组合形和两段截锥形三种形式,如图8-23所示。

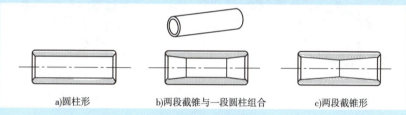

图8-23 活塞销内孔的形式

④连杆。

连杆的作用:连接活塞与曲轴,连杆小头通过活塞销与活塞相连,连杆大头与曲轴的连杆轴颈相连,并把活塞承受的气体压力传给曲轴,使活塞的往复运动转变成曲轴的旋转运动。

连杆的结构:连杆结构组成如图8-24所示。

⑤连杆轴承。

连杆轴承的作用:为了减小摩擦阻力和连杆轴颈的磨损,连杆大头孔内装有瓦片式滑动轴承,简称连杆轴承(俗称连杆轴瓦)。主轴承和连杆轴承的作用是相同的。

连杆轴承的组成:分上、下两个半片,目前多采用薄壁钢背轴承,在其内表面浇铸有耐磨合金层,如图8-25所示。

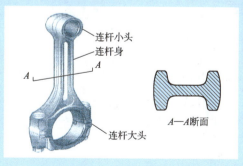

图8-24 连杆结构

图8-25 连杆轴承

(2)曲轴飞轮组。

①曲轴。

曲轴的作用:它与连杆配合,将作用在活塞上的气体压力变为旋转的动力,传递给底盘的传动机构。同时,驱动凸轮轴和其他辅助装置,如风扇、水泵、发电机。

曲轴一般由主轴颈、连杆轴颈、曲柄、平衡重、前端和后端等结构段组成,如图8-26所示。一个连杆轴颈、左右两个曲柄和两个主轴颈构成一个曲拐。单缸发动机的曲轴只有一个曲拐,多缸直列式发动机曲轴的曲拐数与汽缸数相同,V形发动机曲轴的曲拐数量等于汽缸数量的一半。

②飞轮。

飞轮的作用:储存做功行程的能量,用于克服进气、压缩和排气行程的阻力和其他阻力,使曲轴能均匀地旋转。

飞轮轮缘上镶嵌有供起动发动机用的飞轮齿圈,如图8-27所示。

图8-26 曲轴

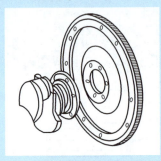

图8-27 飞轮

小词典

(1)活塞行程:活塞从一个止点到另一个止点移动的距离,即上、下止点之间的距离称为活塞行程。一般用 s 表示,对应一个活塞行程,曲轴旋转180°。

(2)工作循环:每一个工作循环包括进气、压缩、做功和排气4个过程,即完成进气、压缩、做功和排气4个过程称为一个工作循环,如图8-28所示。

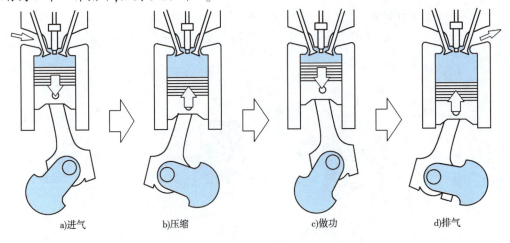

a)进气　　b)压缩　　c)做功　　d)排气

图8-28 工作循环

图8-28中从左到右分别是:进气行程、压缩行程、做功行程、排气行程。

(3)四冲程发动机:发动机要完成一个工作循环,活塞在汽缸内需要往返4个行程(即曲轴转2圈),活塞每个行程对应发动机的一个行程,分别是进气行程、压缩行程、做功行程、排气行程。

(4) 发动机做功顺序：汽车发动机都是多缸发动机，常见的轿车发动机是4缸和6缸。发动机必须具有一个能够平衡曲轴运转的做功顺序。通常采用如下的点火顺序。

直列4缸发动机：1缸—2缸—4缸—3缸 或 1缸—3缸—4缸—2缸。

直列5缸发动机：1缸—2缸—4缸—5缸—3缸。

直列6缸发动机：1缸—5缸—3缸—6缸—2缸—4缸 或 1缸—4缸—2缸—6缸—3缸—5缸。

对于汽油发动机而言，做功顺序通常又称为点火顺序。

(5) 发动机排量：单缸发动机活塞两个行程之间的工作容积称为排量，常用单位有L、mL，如图8-29所示。

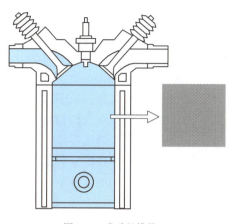

图8-29 发动机排量

多缸发动机的排量就是各汽缸工作容积的总和。

查阅资料，记录5A-FE发动机的排量_____。

(6) 压缩比：气体压缩前的容积与气体压缩后的容积之比值，即汽缸总容积与燃烧室容积之比称为压缩比，如图8-30所示。

(7) 燃烧室容积：活塞位于上止点时，其顶部与汽缸盖之间的容积称为燃烧室容积，如图8-31所示。

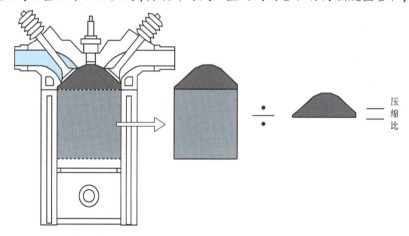

图8-30 压缩比

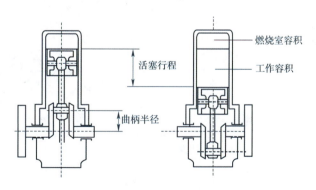

图8-31 燃烧室容积

(8) 空燃比：指混合气中空气的质量与燃料的质量之间的比值。理论上，空气与汽油混合完全燃烧时比例应该为14.7:1。

6.装配曲柄连杆机构应注意哪些问题?

装配时注意事项:
(1)采取预防措施,防止异物,如砂砾、灰尘进入零部件内。
(2)防止零件工作表面被擦伤,如不当的敲击和放置等。
(3)在安装前要清洁零件。
(4)注意每个零件的安装位置方向。
(5)非重复使用的零件不能重复使用。
(6)工具的使用要合理、规范。
(7)注意拆装的安全和现场管理。

 7.小组讨论主要装配步骤。

1)制订装配计划
(1)安装连杆轴承。
(2)安装主轴承。
(3)安装上止推垫片和曲轴。
(4)安装主轴承盖和下止推垫片。
(5)安装活塞和连杆组件。
(6)安装连杆轴承盖。
(7)安装后油封座圈。
(8)安装油泵与油底壳。
(9)在曲轴上安装飞轮。
2)具体装配步骤
(1)安装连杆轴承。
将轴承的凸起部分与连杆轴承盖上的凹槽对齐,将轴承装入连杆和连杆轴承盖中,如图8-32所示。
(2)安装主轴承。
将上主轴承的凸起部分与汽缸体上的凹槽对齐,将5个上主轴承推入,如图8-33、图8-34所示。

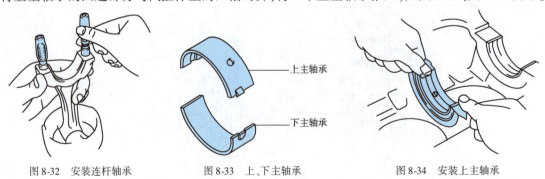

图8-32 安装连杆轴承　　图8-33 上、下主轴承　　图8-34 安装上主轴承

 学习思考

上、下主轴承的形状有什么不同?

(3)将下主轴承的凸起部分与主轴承盖上的凹槽对齐,将 5 个下主轴承推入,如图 8-35 所示。

(4)安装上止推垫片和曲轴。

将 2 个上止推垫片安装在汽缸体的 3 号轴颈位置下面,将止推垫片的油槽朝外,如图 8-36 所示。把曲轴放到汽缸体上,放置曲轴时要注意方向。

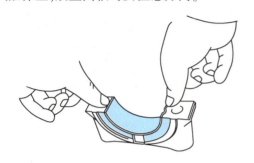
图 8-35 安装下主轴承

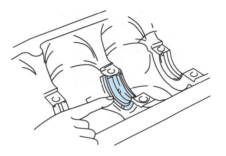
图 8-36 安装上止推垫片

学习思考

安装止推垫片时,为什么要将油槽朝外?

(5)安装主轴承盖和下止推垫片。

将 2 个下止推垫片安装在 3 号主轴承盖上,将止推垫片的油槽朝外,如图 8-37 所示。

(6)将 5 个主轴承盖安装到恰当位置上,使每个轴承盖上的号码与前端标记(箭头标记)符合要求,如图 8-38 所示。

图 8-37 安装下止推垫片

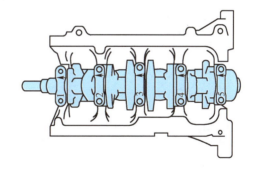
图 8-38 主轴承盖安装位置

小提示

主轴承盖上的号码是从发动机前方按 1~5 的顺序排列,前端标记都朝向发动机前方。

(7)在主轴承盖螺栓头下和螺纹处涂上薄薄一层发动机机油,按图 8-39 所示的数字顺序安装并分几次均匀地拧紧 10 个主轴承盖螺栓,拧紧力矩为 60N·m。

小提示

拧紧主轴承盖螺栓后必须检查曲轴是否转动自如。

(8) 按图 8-40 所示布置活塞环端口位置。

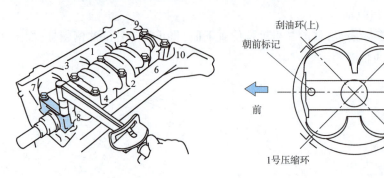

图 8-39　主轴承盖螺栓拧紧顺序　　　　图 8-40　活塞环端口位置图

> **小提示**
>
> 不要对齐活塞环端口。

(9) 安装活塞和连杆组件。
用短软管套在连杆螺栓上以保护曲轴不受损坏,如图 8-41 所示。
(10) 用活塞压缩器将与相应汽缸匹配的活塞连杆组件分别推入各汽缸中,使活塞的前端标记朝向发动机前方,如图 8-42 所示。

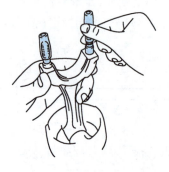 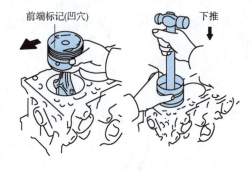

图 8-41　安装曲轴保护短软管　　　　图 8-42　将活塞装入汽缸

> **学习思考**
>
> 安装活塞时,活塞的前端标记为什么要朝前?

(11) 安装连杆轴承盖。
按配合记号把连杆轴承盖与相应的连杆配合。安装连杆轴承盖,使连杆轴承盖的前端标记朝向发动机前方,如图 8-43 所示。
在连杆轴承盖螺母下面涂上薄薄的一层发动机机油,安装时分几次交替拧紧锁紧螺母(拧紧力矩为 29N·m),按规定拧紧力矩拧紧后再加拧 90°。

> **小提示**
>
> 如果有连杆螺母不能拧紧到规定的拧紧力矩,应更换整套的连杆螺栓与连杆螺母。

每安装一个活塞连杆后应检查曲轴是否转动自如。

（12）安装后油封座圈。用6个螺栓安装新垫片与油封座圈，拧紧力矩为9.3N·m。

（13）安装油泵与油底壳。

（14）在曲轴上安装飞轮。

按图8-44所示的数字顺序对角安装并分几次均匀拧紧飞轮螺栓，拧紧力矩为78N·m。

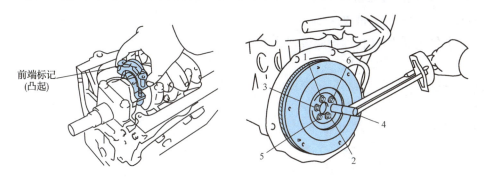

图8-43　连杆轴承盖安装标记　　　　　图8-44　飞轮螺栓拧紧顺序

  学习思考

安装飞轮时，为什么要按图8-44所示顺序对角安装并分几次均匀拧紧安装螺栓？

学习拓展

查阅资料，了解二冲程发动机的工作特点，如图8-45所示。是不是和四冲程发动机一样呢？

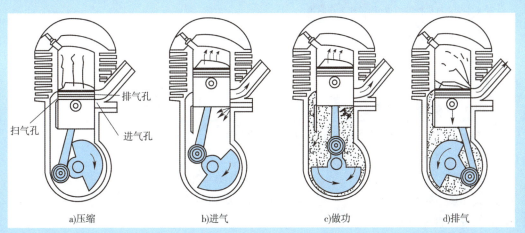

图8-45　二冲程汽油机工作原理图

三、评价反馈

1. 学习自测题

（1）活塞连杆组是曲柄连杆机构的组成部分之一。（　　）

　　A. 是　　　　　B. 否

(2)使用扭力扳手的正确方法是:不论是用来拧紧或拧松零件,都应把扭力扳手往自己的方向出力。(　　)

  A. 正确　　　　　　B. 错误

(3)为方便拆卸连杆轴承盖,可以用铁锤直接敲打连杆轴承盖的方法帮助拆卸。(　　)

  A. 正确　　　　　　B. 错误

(4)活塞属于燃烧室的一部分。(　　)

  A. 正确　　　　　　B. 错误

(5)在安装曲轴止推垫片时,油槽应该朝外还是朝内?(　　)

  A. 朝外　　　　　　B. 朝内

(6)在安装活塞时,活塞的前端标记应该朝向发动机前方还是后方?(　　)

  A. 前方　　　　　　B. 后方

(7)每个曲轴主轴承盖处都有止推垫片。(　　)

  A. 正确　　　　　　B. 错误

(8)活塞环可分为气环和油环。(　　)

  A. 正确　　　　　　B. 错误

(9)飞轮不属于曲柄连杆机构的组成部分。(　　)

  A. 正确　　　　　　B. 错误

2. 学习目标达成度的自我检查(表8-2)

自 我 检 查 表　　　　　　　　　　　　　　　　　　　表8-2

序号	学习目标	达成情况(在相应的选项后打"√")		
		能	不能	如果不能,是什么原因
1	叙述曲柄连杆机构的组成、作用和工作原理			
2	识别曲柄连杆机构的主要零部件			
3	制订曲柄连杆机构的拆装计划			
4	规范拆装曲柄连杆机构			
5	对曲柄连杆机构的安装质量进行自检和互检			

3. 日常表现性评价(由小组长或者组内成员进行评价)

(1)工作页填写情况。(　　)

  A. 填写完整　　　　　　　　　　B. 缺失0~20%

  C. 缺失20%~40%　　　　　　　D. 缺失40%以上

(2)工作着装是否规范?(　　)

  A. 穿着校服(工作服)、佩戴胸卡　　B. 校服或胸卡缺失一项

  C. 偶尔会既不穿校服又不戴胸卡　　D. 始终未穿校服,未佩戴胸卡

(3)能否主动参与工作现场的清洁和整理工作?(　　)

  A. 积极主动参与

  B. 在组长的要求下能参与

  C. 在组长的要求下能参与,但效果差

  D. 不愿意参与

(4)在实训时查阅维修手册指导拆装的情况。（　　）
　　A. 从不查阅　　　　　　　　　　B. 偶尔查阅
　　C. 遇到困难才查阅　　　　　　　D. 经常查阅
(5)在实训时动手参与的情况。（　　）
　　A. 从不动手　　　　　　　　　　B. 偶尔动手
　　C. 为了应付才动手　　　　　　　D. 积极动手
(6)在实训时有窜组、聊天或玩耍等情况吗？（　　）
　　A. 没有　　　　B. 偶尔有　　　　C. 经常有　　　　D. 一直都有
(7)在课堂上有睡觉、玩手机或开小差的情况吗？（　　）
　　A. 没有　　　　B. 偶尔有　　　　C. 经常有　　　　D. 一直都有
(8)是否达到全勤？（　　）
　　A. 全勤　　　　　　　　　　　　B. 缺勤0～20%（有请假）
　　C. 缺勤0～20%（旷课）　　　　　D. 缺勤20%以上
(9)总体印象评价。（　　）
　　A. 非常优秀　　B. 比较优秀　　　C. 有待改进　　　D. 急需改进
(10)其他建议：

小组长签名：_____　　　　　　　　_____年_____月_____日

4. 教师总体评价
(1)对该同学所在小组整体印象评价。（　　）
　　A. 组长负责，组内学习气氛好
　　B. 组长能组织组员按要求完成学习任务，个别组员不能达成学习目标
　　C. 组内有30%以上的学员不能达成学习目标
　　D. 组内大部分学员不能达成学习目标
(2)对该同学整体印象评价：
_____
_____
_____。

教师签名：_____　　　　　　　　_____年_____月_____日

学习任务 9　喷油器的更换

学习目标

完成本学习任务后,你应当能:
1. 叙述电控汽油喷射发动机燃油供给系统的组成与作用;
2. 识别燃油供给系统的组成部件并叙述其主要作用;
3. 独立制订喷油器的拆装工作计划;
4. 规范更换喷油器;
5. 对喷油器的安装质量进行自检。

建议完成本学习任务为 6 学时
学时分配:学习准备 1.5 学时;计划与实施 2 学时;学习拓展 2 学时;评价反馈 0.5 学时。

内容结构

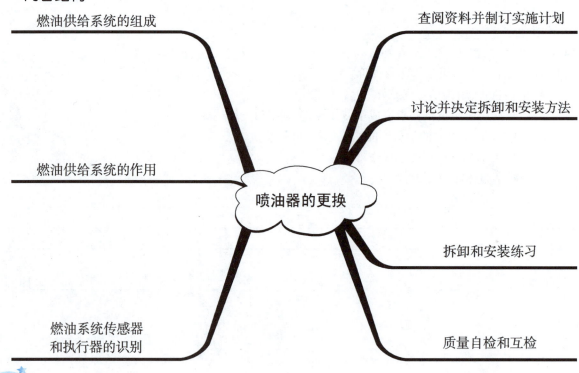

学习任务描述

某车辆出现动力不足,加速无力的异常情况,经维修技师诊断,确定喷油器有故障,需更换。请你按照技术规范正确地进行喷油器的更换,安装后使其能正常工作。

喷油器是汽油喷射系统的重要组成部分,现代汽车普遍采用电控汽油喷射系统,请你按更换喷油器的操作规程制订更换喷油器的计划,更换后对安装质量进行自检。

一、学习准备

 1.汽车电控汽油喷射系统各总成的安装位置及组成、作用如何?

电控汽油喷射系统主要由_____系统、_____系统和电子控制系统组成,如图9-1所示。
备选答案:A.点火系统　　B.供油系统　　C.进气系统

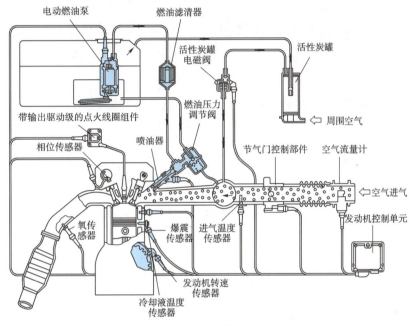

图9-1　电控汽油喷射系统的组成

电控燃油喷射系统是为了实现在各种工况下向发动机提供合适空燃比的混合气。当发动机运行时,发动机控制单元根据空气流量信号、发动机转速信号及其他传感器的信号,计算出发动机燃烧所需要的燃油量,在适当的时刻打开喷油器,向进气道喷射适量的燃油,并与空气混合,供给发动机。

 小词典

EFI:Electronic Fuel Injection System,电控汽油喷射系统,简称EFI。
ECU:Electronic Control Unit,电子控制单元,简称ECU。

 2.供油系统的安装位置、组成和作用如何?

(1)供油系统的安装位置,如图9-2所示。
(2)供油系统的组成:由燃油箱、燃油泵、燃油滤清器、燃油压力调节器、喷油器和供油总管(油轨)等组成,如图9-3所示。
(3)供油系统的作用:往汽缸内提供组成混合气所需要的燃油。
(4)供油系统主要组成及其作用。

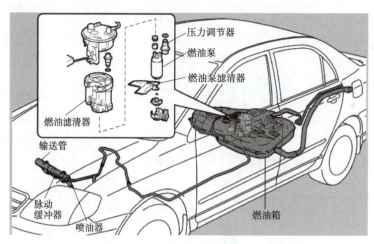

图9-2 供油系统的安装位置

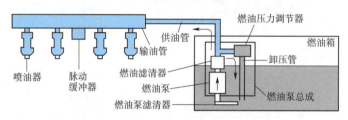

图9-3 供油系统的组成

①燃油泵。

燃油泵的分类:分为内置式和外置式两种,如图9-4所示。

a)内置式燃油泵　　　　　　　　b)燃油泵的结构

图9-4 燃油泵

燃油泵的安装位置:内置式电动燃油泵安装在油箱中,外置式电动燃油泵串接在油箱外部的输油管路中。

燃油泵的作用:将燃油从燃油箱内输送到喷油器。

②喷油器。

喷油器的安装位置:对于现在的缸外喷射发动机而言,喷油器安装在进气歧管,如图9-5所示。

喷油器的作用:接收来自ECU的信号,把适量的汽油喷入进气歧管。

③燃油压力调节器,如图9-6所示。

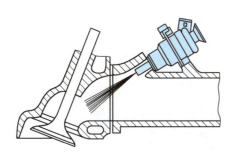
图9-5 喷油器的安装位置

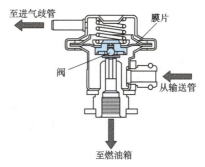
图9-6 燃油压力调节器

燃油压力调节器的安装位置:通常安装在卸压管上,见图9-3。
燃油压力调节器的作用:使喷油器的喷油压力随发动机工况的变化而自动进行调节。

二、计划与实施

 3. 怎样进行喷油器的更换?怎样编制更换计划?更换时应注意哪些问题?

1)了解以下信息
(1)使用的常用工具:_____。
(2)实训车型:_____。
2)拆卸注意事项
(1)采取预防措施,防止异物,如砂砾、灰尘进入零部件内。
(2)在拆下燃油系统的任何部件之前,一定要释放燃油压力。
(3)在燃油系统有零部件拆开时,切勿闭合点火开关。
(4)拆卸下来的零件要合理地进行摆放。
(5)工具的使用要合理、规范。
(6)注意拆装的安全。

 4. 小组阅读维修手册,讨论并确定拆卸的基本顺序,初步制订主要的拆卸步骤。

1)制订主要拆卸步骤
分小组通过观察发动机,查阅手册或工作页,讨论主要拆卸步骤,并将表9-1中的拆卸步骤进行正确排序。

喷油器的拆卸步骤　　　　表9-1

序号	拆 卸 步 骤
	卸开喷油器连接器
	拆下燃油压力调节器上的回油软管
	释放燃油压力
	拆下传输管上的进油软管
	拆下PCV软管及燃油压力调节器上的真空软管
	拆卸输油管和喷油器

图9-7所示为喷油器分解图。

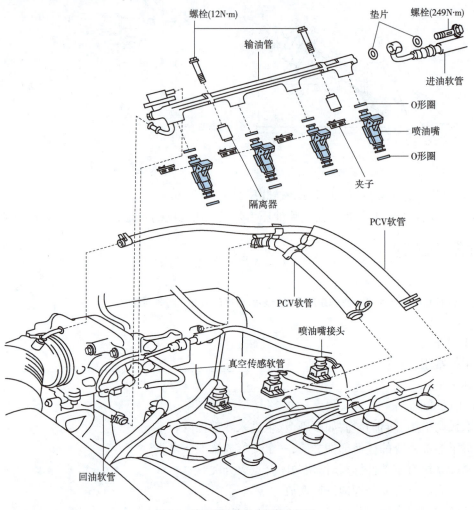

图9-7 喷油器及其相关部件分解图

2）具体拆卸步骤和要求

（1）将点火开关置于OFF挡,释放燃油压力,拆下PCV软管及燃油压力调节器上的真空软管,如图9-8所示。

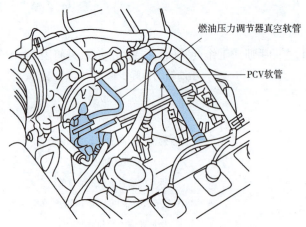

图9-8 拆下PCV软管及燃油压力调节器上的真空软管

小提示

在拆下燃油系统的任何部件之前,要释放燃油压力,方法是从输油管(即供油导轨)上拆下进油软管,在传输管的下面放置一个合适的容器或毛巾,再慢慢拧松连接螺栓。

 学习思考

在拆开燃油系统零部件时,为什么不能闭合点火开关?

(2)卸下连接螺栓和2个垫圈,然后拆下传输管上的进油软管,如图9-9所示。

(3)拆下燃油压力调节器上的回油软管。

(4)推压住连接器锁定弹簧,拉出喷油器上的接头。卸开喷油器连接器,如图9-10所示。

(5)拆卸输油管和喷油器。

卸下2个螺栓和传输管以及4个喷油器;然后卸下进气歧管上的2个隔离器和喷油器上的4个夹子;从传输管上拔出4个喷油器,如图9-11所示;拆下每个喷油器上的O形圈。

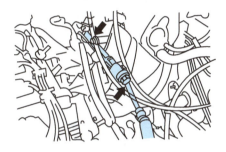

图9-9 拆卸进油软管

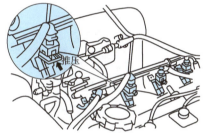

图9-10 拆卸喷油器连接器

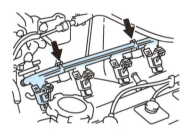

图9-11 拆卸传输管和喷油器

 小提示

喷油器上的O形圈不可重复使用,拆卸后应换新件。

拆下喷油器和油轨后要用布盖住进气歧管内的喷油器孔和油轨的所有开口,防止灰尘和其他微粒进入。

学习拓展

(1)燃油供给系统的供油过程。

燃油泵将燃油从燃油箱吸出,经燃油滤清器过滤送往供油总管,当喷油器开启时,燃油经脉冲缓冲器,从喷油器喷出,燃油压力调节器调节供油系统的压力,多余的燃油经燃油压力调节器回到燃油箱,如图9-12所示。

(2)喷油器。

喷油器的结构如图9-13所示。喷油器的工作原理:ECU控制喷油器电路的通断,当喷油器通电时,喷油器线圈产生磁场,将柱塞往上吸起,针阀打开,燃油喷出;当喷油器断电时,喷油器线圈磁场消失,柱塞复位,针阀关闭,燃油不能喷出。

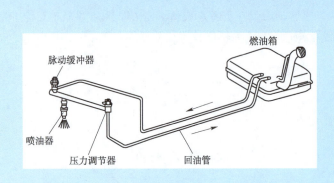

图9-12 燃油供给系统的供油过程

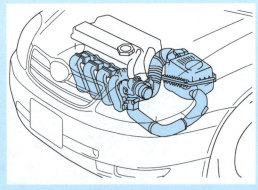

图9-13 喷油器的结构

(3)进气系统的安装位置、组成和作用。

进气系统的安装位置如图9-14所示。

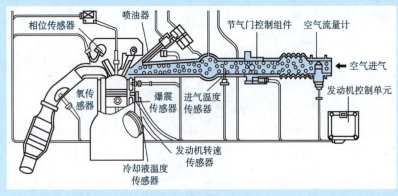

图9-14 进气系统的安装位置

进气系统的作用:为发动机提供清洁的空气并控制发动机正常工作时的进气量。

进气系统的组成:由空气滤清器、空气流量计(进气压力传感器)、节气门体和节气门位置传感器、进气总管和进气歧管等组成,如图9-15所示。

图9-15 进气系统

(4)电子控制系统的作用和组成。

电子控制系统的作用:根据发动机运转工况和汽车运行状况确定最佳的喷油量和喷油时刻。

电子控制系统的组成:由传感器、电子控制单元和执行器组成,如图9-16所示。

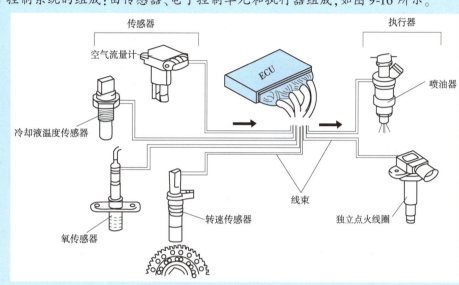

图9-16 电子控制系统组成

 小提示

为了使ECU能正常地进行功能控制,它要求由各种输出和输入设备组成一个完整的系统。传感器对应就是输入设备。执行器对应就是输出设备。发动机ECU处理来自传感器的输入信号并输出控制信号驱动执行器工作。

 5. 小组讨论并制订装配计划。

1)制订并实施装配计划
(1)安装喷油器和输油管。
(2)连接喷油器接头,将回油软管连接到燃油压力调节器上。
(3)将进油软管连接到传输管上。
(4)安装PCV软管。
(5)将真空软管连接到燃油压力调节器上。
2)具体装配步骤
(1)安装新的O形圈,如图9-17所示。在2个新的O形圈上涂抹薄薄一层机油,将其装到喷油器上。

 小提示

在安装O形圈之前,要在O形圈上涂上薄薄一层机油,防止O形圈变形或损坏。安装新的喷油器之前,确保O形圈处于正确位置。

(2)将喷油器装入输油管,如图9-18所示。

左右转动喷油器的同时,将其装入输油管,然后安装 4 个喷油器。将喷油器连接器朝上放置,安装喷油器的 4 个夹子。

图 9-17　安装新的 O 形圈

图 9-18　将喷油器装入输油管

小提示

当喷油器安装到输油管上后,用手转动喷油器,若喷油器转动不平滑,说明 O 形圈已损坏。

(3) 安装隔离器。

在进气歧管上安放 2 个隔离器;将 4 个喷油器和输油管组件安装到进气歧管上的相应位置上;暂时安装 2 个螺栓将传输管固定在进气歧管上,如图 9-19 所示。

(4) 喷油器连接器的放置要求。

检查喷油器转动是否平稳,如果喷油器转动不平稳,则可能是 O 形圈安装不正确,应更换 O 形圈;将喷油器连接器朝上放置,如图 9-20 所示。

图 9-19　安装隔离器

图 9-20　喷油器连接器的放置要求

(5) 安装固定传输管。

拧紧进气歧管上用来固定传输管的 2 个螺栓(拧紧力矩:15N·m),如图 9-21 所示。

(6) 连接喷油器接头,将回油软管连接到燃油压力调节器上。

(7) 安装进油软管。

将进油软管连接到传输管上。用 2 个新垫片和连接螺栓(拧紧力矩:29N·m)连接进油软管,如图 9-22 所示。

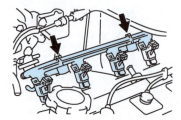

图 9-21　安装固定传输管

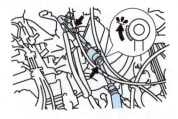

图 9-22　安装进油软管

(8)安装PCV软管,使其白漆标记朝上,对着汽缸顶盖一侧。

(9)将真空软管连接到燃油压力调节器上。

三、评价反馈

1. 学习自测题

(1)喷油器是传感器的一种。(　　)

　　A.对　　　　　　　B.错

(2)在拆下燃油系统的任何部件之前,需要释放燃油压力吗?(　　)

　　A.需要　　　　　　B.不需要

(3)喷油器上的O形圈可以重复使用。(　　)

　　A.对　　　　　　　B.错

(4)喷油器的喷油量和喷油时刻是由(　　)决定的。

　　A.进气系统　　　　B.供油系统　　　　C.电子控制系统

(5)当喷油器安装到输油管上后,用手转动喷油器,喷油器应该(　　)。

　　A.转动平滑　　　　B.固定不动

2. 学习目标达成度的自我检查(表9-2)

自 我 检 查 表　　　　　　　　　　　　　　　表9-2

序号	学习目标	达成情况(在相应的选项后打"√")		
		能	不能	如果不能,是什么原因
1	叙述电控汽油喷射发动机燃油供给系统的组成与作用			
2	识别燃油供给系统的组成部件并叙述其主要作用			
3	独立制订喷油器的拆装工作计划			
4	规范更换喷油器			
5	对喷油器的安装质量进行自检			

3. 日常表现性评价(由小组长或者组内成员进行评价)

(1)工作页填写情况。(　　)

　　A.填写完整　　　　　　　　　　B.缺失0~20%

　　C.缺失20%~40%　　　　　　　D.缺失40%以上

(2)工作着装是否规范?(　　)

　　A.穿着校服(工作服)、佩戴胸卡　　B.校服或胸卡缺失一项

　　C.偶尔会既不穿校服又不戴胸卡　　D.始终未穿校服、未佩戴胸卡

(3)能否主动参与工作现场的清洁和整理工作?(　　)

　　A.积极主动参与

　　B.在组长的要求下能参与

　　C.在组长的要求下能参与,但效果差

　　D.不愿意参与

(4)在实训时查阅维修手册指导拆装的情况。(　　)

　　A.从不查阅　　　B.偶尔查阅　　　C.有需要才查阅　　　D.经常查阅

(5)在实训时动手参与的情况。（　　）
　　A. 从不动手　　　　B. 偶尔动手　　　　C. 为了应付才动手　　D. 积极动手
(6)在实训时有窜组、聊天或玩耍等情况吗？（　　）
　　A. 没有　　　　　　B. 偶尔有　　　　　C. 经常有　　　　　　D. 一直都有
(7)在课堂上有睡觉、玩手机或开小差的情况吗？（　　）
　　A. 没有　　　　　　B. 偶尔有　　　　　C. 经常有　　　　　　D. 一直都有
(8)是否达到全勤？（　　）
　　A. 全勤　　　　　　　　　　　　　　　B. 缺勤 0～20%（有请假）
　　C. 缺勤 0～20%（旷课）　　　　　　　 D. 缺勤 20% 以上
(9)总体印象评价。（　　）
　　A. 非常优秀　　　　B. 比较优秀　　　　C. 有待改进　　　　　D. 急需改进
(10)其他建议：

小组长签名：_____　　　　　　　_____年_____月_____日

4. 教师总体评价

(1)对该同学所在小组整体印象评价。（　　）
　　A. 组长负责，组内学习气氛好
　　B. 组长能组织组员按要求完成学习任务，个别组员不能达成学习目标
　　C. 组内有 30% 以上的学员不能达成学习目标
　　D. 组内大部分学员不能达成学习目标
(2)对该同学整体印象评价：
_____
_____
_____。

教师签名：_____　　　　　　　_____年_____月_____日

学习任务 10　发动机总装调试

学习目标

完成本学习任务后,你应当能:
1. 叙述发动机正常起动所需要的条件;
2. 制订发动机总装的工作计划;
3. 规范进行发动机的总装;
4. 对发动机的安装质量进行自检;
5. 对发动机总装竣工后的质量进行自检和互检。

建议完成本学习任务为 12 学时
学时分配:学习准备 0.5 学时;计划与实施 4 学时;评价反馈 7.5 学时。

内容结构

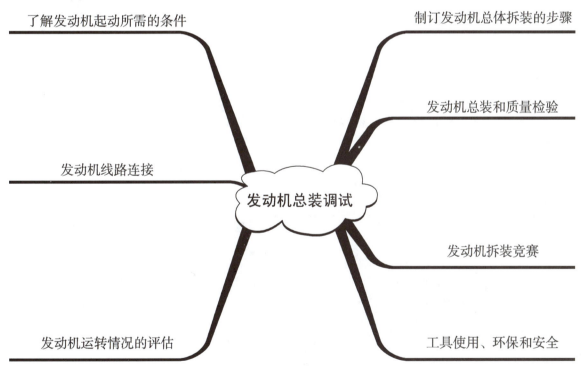

学习任务描述

请你参考维修资料,对整台发动机进行规范地拆卸和装配,同时通过小组之间的竞赛展示自己的技术水平。

你将通过整台发动机的拆装,来学习发动机拆装的综合知识。同时,你将通过团队合作进行总装,这是一个考验你的技术水平,锻炼展示你自己能力的最好机会。

一、学习准备

 1. 前面我们已经进行了各个部件的拆卸和装配,你确定对每个部件的拆卸与装配都掌握了吗?

回顾前面我们对各部件进行拆卸和安装的学习。

二、计划与实施

 2. 在总体拆卸之前我们应该了解一些基本信息,讨论拆卸时应注意哪些问题?

1)了解以下信息
(1)使用的常用工具:_____。
(2)实训车型:_____。
2)拆卸注意事项
(1)采取预防措施,防止异物,如砂砾、灰尘进入零部件内。
(2)防止零件工作表面被擦伤,如不当的敲击和放置等。
(3)注意每个零件的安装位置和摆置方向。
(4)拆卸下来的零件要合理地进行摆放,遵循现场管理。
(5)工具的使用要合理、规范。
(6)注意拆装的安全。

 3. 小组阅读维修手册,讨论并确定拆卸的基本顺序,初步制订主要的拆卸步骤。

1)制订主要的拆卸步骤
分小组通过观察发动机,查阅手册,讨论主要拆卸步骤,并将表 10-1 中的拆卸步骤进行正确排序。

发动机的拆卸步骤　　　　　　　　　　表 10-1

序号	拆卸步骤	序号	拆卸步骤
	拆下起动机		拆下四个火花塞
	拆下分电器总成		拆下发电机
	断开蓄电池的电缆		拆卸曲轴、活塞连杆组
	拆卸凸轮轴、缸盖、气门和气门油封		拆卸机油泵
	拆卸水泵和节温器		

2)实施拆卸计划
分组进行发动机的拆卸练习。

 4. 小组阅读维修手册,讨论并确定装配的基本顺序。

1)制订发动机总体安装主要步骤
(1)安装曲轴、活塞连杆组。

(2)安装机油泵。

(3)安装气门油封和气门、缸盖、凸轮轴。

(4)安装水泵和节温器。

(5)安装四个火花塞。

(6)安装分电器。

(7)安装发电机。

(8)安装起动机。

(9)安接蓄电池的电缆。

2)实施装配计划

分组进行发动机的装配练习。

图10-1~图10-3所示为发动机分解图。

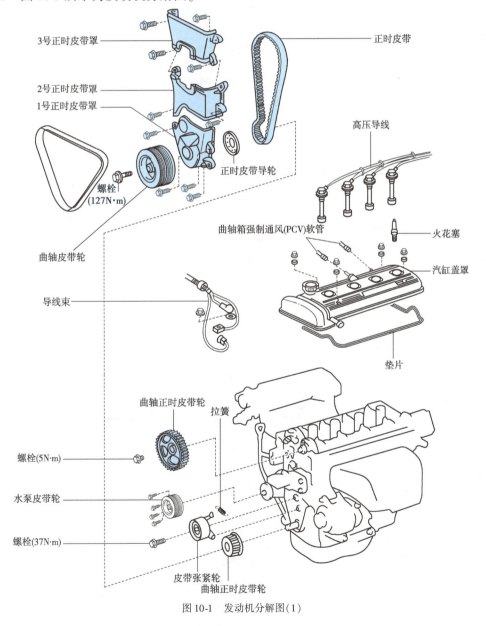

图10-1 发动机分解图(1)

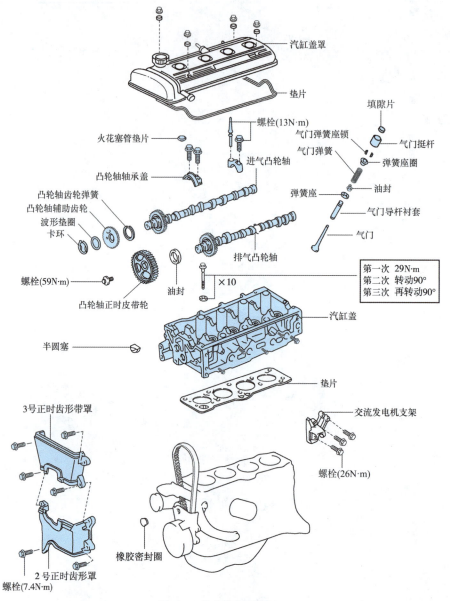

图 10-2 发动机分解图(2)

5. 装配结束后需要对整台发动机的情况进行检查,以保证装配质量良好,顺利着车。

(1)发动机的安装螺栓都拧紧了吗?
确认:拧紧□　　没有拧紧□

(2)装配有没有加注机油?
确认:有□　　没有□

(3)装配完成后,检查曲轴的运转是否自如。
确认:有较大阻力□　　运转良好□

(4)配气正时有没有对齐?
确认:对齐□　　没有对齐□

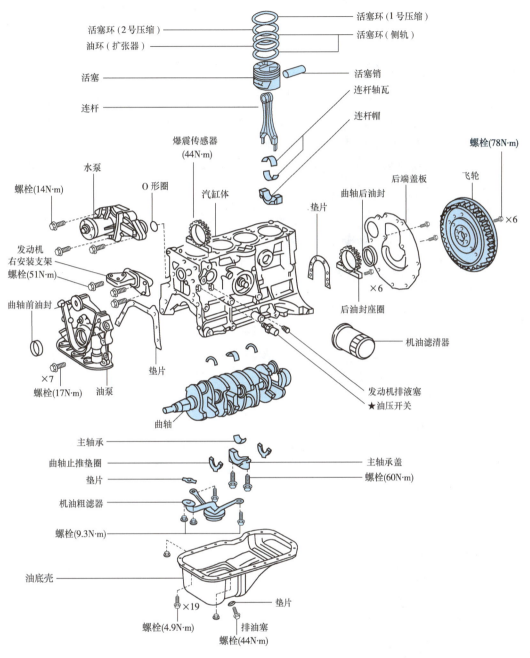

图 10-3 发动机分解图(3)

 6. 对发动机进行着车测试,并且评价该台发动机的装配质量。

教师进行起动测试,学生观察发动机运行的情况并填写表 10-2。

着 车 记 录 表　　　　　　　　　　　　　表 10-2

序号	发动机情况	判断是否正常		备　注
1	起动机工作状况	□正常	□不正常	
2	有无燃油供给	□有	□无	

续上表

序号	发动机情况	判断是否正常		备注
3	有无空气供给	□有	□无	
4	有无点火	□有	□无	
5	蓄电池电压	□正常	□不正常	电压值　　　V
6	有无异响	□有	□无	
7	发动机起动	□正常	□不正常	

 小提示

着车注意事项：
(1) 为防止异物飞出，学生和发动机台架应有一定的安全距离。
(2) 防止电路短路着火。
(3) 如有严重异响和敲击声应该立即停止运转。

 7. 在发动机拆装练习完成的后期，为了检验学习的成果，举办一次技能竞赛。竞赛的成绩作为实操考核的一部分，同时也作为检验自我学习效果的一个平台。

(1) 技能展示。
(2) 竞赛规则，见表10-3。

某学校发动机拆装技能竞赛规则　　　　　　　　　　　　　表10-3

1. 比赛地点：_____ 参赛班级：_____ 班 _____ 组
2. 比赛时间：_____年____月____日
3. 要求：全班分成9个小组，每组2名同学参加比赛，拆装比赛时间为70min。
如因操作不规范造成人员受伤或设备损坏的按0分计。
4. 发动机拆装的操作项目：
(1) 项目：丰田5A(或8A)发动机拆装。
(2) 注意：只需要拆装一个气门。
5. 竞赛目的：检查拆装发动机是否规范和工具使用是否正确。
6. 评分标准和评分表：

序号	评分的内容	配分	评分标准	扣　分
1	仪容、仪表规范，正确使用工具；工具、零件的摆放正确和现场的清洁	10	选用不正确，摆放凌乱或脏污每次扣1分，扣完为止	
2	附件的拆卸	5	每出现一次操作错误扣1分，扣完为止	
3	附件的装配	15	每出现一次操作错误扣2分，扣完为止	
4	曲轴连杆的解体(顺序)	10	每出现一次操作错误扣1分，扣完为止	
5	曲轴连杆的装配	20	每出现一次操作错误扣2分，扣完为止	
6	配气机构的解体	10	每出现一次操作错误扣1分，扣完为止	

续上表

序号	评分的内容	配分	评 分 标 准	扣 分
7	配气机构的装配(顺序)	15	每出现一次操作错误扣2分,扣完为止	
8	遵守安全操作规程、配合情况	5	每一项扣1分,扣完为止	
9	着车测试	10	不能起动的该项目无分	
合计		100分	扣分合计	
	总得分			

(3)小组竞赛计划,明确分工。
以2人为组,讨论如何分工合作进行竞赛。
(4)技能竞赛实施。
(5)赛后思考。
你所在的小组的竞赛名次为_____名。
①你认为自己所在的小组在这次比赛中成功的地方有哪些?

②你认为自己所在的小组在这次比赛中不足的地方有哪些?

③自己有哪些收获?

④如果还有一次机会你会不会做得更好?

三、评价反馈

1.学习自测题
(1)发动机转动阻力过大对发动机的正常起动有没有影响?(   )
　　A.有　　　　　　B.没有
(2)发动机正常起动是否需要可燃物(汽油)的供给?(   )
　　A.需要　　　　　B.不需要
(3)发动机正常起动是否需要空气的供给?(   )
　　A.需要　　　　　B.不需要
(4)发动机正常起动是否需要给火花塞提供可靠的点火能量?(   )
　　A.需要　　　　　B.不需要
(5)汽缸压缩压力过低对发动机的正常起动有无影响?(   )
　　A.有　　　　　　B.无

（6）发动机的配气正时标记没有对齐是否影响发动机的正常运转的。（　　）

　　A. 对　　　　　　　B. 错

（7）你组的发动机总装后着车测试是否成功？如果不成功是什么原因造成的？

2. 学习目标达成度的自我检查（表10-4）

自 我 检 查 表　　　　　　　　　　　　　　　　　表10-4

序号	学习目标	达成情况（在相应的选项后打"√"）		
		能	不能	如果不能，是什么原因
1	叙述发动机正常起动所需要的条件			
2	制订发动机总装的工作计划			
3	规范进行发动机的总装			
4	对发动机的安装质量进行自检			
5	对发动机总装竣工后的质量进行自检和互检			

3. 日常表现性评价（由小组长或者组内成员进行评价）

（1）工作页填写情况。（　　）

　　A. 填写完整　　　　　　　　　　　B. 缺失0～20%

　　C. 缺失20%～40%　　　　　　　　D. 缺失40%以上

（2）工作着装是否规范？（　　）

　　A. 穿着校服（工作服）、佩戴胸卡

　　B. 校服或胸卡缺失一项

　　C. 偶尔会既不穿校服又不戴胸卡

　　D. 始终未穿校服、未佩戴胸卡

（3）能否主动参与工作现场的清洁和整理工作？（　　）

　　A. 积极主动参与

　　B. 在组长的要求下能参与

　　C. 在组长的要求下能参与，但效果差

　　D. 不愿意参与

（4）在实训时查阅维修手册指导拆装的情况。（　　）

　　A. 从不查阅　　　B. 偶尔查阅　　　C. 有需要才查阅　　　D. 经常查阅

（5）在实训时动手参与的情况。（　　）

　　A. 从不动手　　　　　　　　　　　B. 偶尔动手

　　C. 为了应付才动手　　　　　　　　D. 积极动手

（6）在实训时有窜组、聊天或玩耍等情况吗？（　　）

　　A. 没有　　　　　B. 偶尔有　　　　C. 经常有　　　　D. 一直都有

（7）在课堂上有睡觉、玩手机或开小差的情况吗？（　　）

　　A. 没有　　　　　B. 偶尔有　　　　C. 经常有　　　　D. 一直都有

(8)是否达到全勤?(　　)
　　A. 全勤　　　　　　　　　　　　B. 缺勤 0~20%(有请假)
　　C. 缺勤 0~20%(旷课)　　　　　　D. 缺勤 20% 以上
(9)总体印象评价。(　　)
　　A. 非常优秀　　　B. 比较优秀　　　C. 有待改进　　　D. 急需改进
(10)其他建议：

小组长签名：_____　　　　　　　_____年_____月_____日

4. 教师总体评价

(1)对该同学所在小组整体印象评价。(　　)
　　A. 组长负责,组内学习气氛好
　　B. 组长能组织组员按要求完成学习任务,个别组员不能达成学习目标
　　C. 组内有 30% 以上的学员不能达成学习目标
　　D. 组内大部分学员不能达成学习目标
(2)对该同学整体印象评价：

_____
_____。

教师签名：_____　　　　　　　_____年_____月_____日

参 考 文 献

[1] 汤定国.汽车发动机构造与维修[M].3版.北京:人民交通出版社股份有限公司,2015.
[2] 赵志群.职业教育与培训学习新概念[M].北京:科学出版社,2003.
[3] 丰田汽车公司.汽车维修教程.第一级.下.汽车维护操作[M].北京:高等教育出版社,2006.
[4] 巫兴宏.汽车电气设备与维修[M].北京:高等教育出版社,2005.